大家说历史

群雄纷争 频繁更迭

朱大渭说魏晋南北朝

朱大渭 著
戴卫红 编

生活·讀書·新知 三联书店

Copyright © 2018 by SDX Joint Publishing Company
All Rights Reserved.
本作品版权由生活·读书·新知三联书店所有。
未经许可,不得翻印。

图书在版编目(CIP)数据

群雄纷争　频繁更迭:朱大渭说魏晋南北朝/朱大渭著;
戴卫红编.—北京:生活·读书·新知三联书店,2018.9
(大家说历史)
ISBN 978-7-108-06219-2

Ⅰ.①群… Ⅱ.①朱… ②戴… Ⅲ.①中国历史-魏晋南北朝时代-通俗读物 Ⅳ.①K235.09

中国版本图书馆 CIP 数据核字(2018)第 022237 号

责任编辑　韩瑞华
封面设计　陈乃馨
责任印制　黄雪明
出版发行　生活·讀書·新知 三联书店
　　　　　(北京市东城区美术馆东街 22 号)
邮　　编　100010
印　　刷　常熟文化印刷有限公司
版　　次　2018 年 9 月第 1 版
　　　　　2018 年 9 月第 1 次印刷
开　　本　650 毫米 × 900 毫米　1/16　印张　15.25
字　　数　170 千字
定　　价　36.00 元

治史者应不懈地追求
"德、才、识、学"完美统一

——朱大渭先生的史学思想和治学风格

中华民族历史源远流长,文化光辉灿烂,文献记载既连续又极其丰富,我们在研究历史科学时,要在五千年浩如烟海的地上和地下各种文献与文物资料(其中包括甲骨和金文、敦煌资料、简帛文书)以及前人研究成果三者收集整理的基础上,以辩证唯物史观核心原则为指导,除吸收当今国外如人类学、社会学、人文学以及其他历史学派某些进步的史学观点外,尤其要吸取我们民族的历史智慧,提炼我们民族的历史经验,发扬我们民族的优秀文化传统,揭示我们民族历史发展的特征,并具体地解决我国历史进程中的各种实际问题,使唯物史观中国化,从而发展和创新唯物史观理论。唯物史观的中国化,必须从本国古典史学理论层面中寻找结合点。

我国古典史学观点内涵复杂,综合概略地说来,大致可考虑和重视下列内容:"天人合一"历史发展观,史学理论不断发展观,政治经济统一而后者为基础的历史观,历史经验教训借鉴观,"以人为本"历史观,正义历史观,民族精神历史观,教化功能历史观,"用夏变夷"历史观,治史方法实证论,史家应该具有德才学识的观点。综观我国古典史学的观点和方法,虽然没有也不可能(主要因时代条件和科技发展水平)揭示出历史发展系统性的整体客观规律,但从这十一条史学观点和方法论中,我们可以看到有的与辩证唯物史观的个别观点或许有相同点,如主张史学理论不断发展的观点认为,史学理论不是固定僵死的,而是随着时间、地点、条件的不同而发展变化。总之,我们在治史实践中,应当树立一种大师级的弘毅精神,充分发挥自己睿智,整体透彻领悟中国历史,自觉致力于中华五千年史的大格局及其规律之构建与准确把握。这就需要在辩证唯物史观总体理论和方法的指导下,把上述中国古典史学的观点和方法(包括中国优秀的传统文化)与之相融合,推进唯物史观的中国化,这是深入探索辩证唯物史观创新的必由之路。因为只有在这种中国化的辩证唯物史观的正确理论的指导下,才能真正建立起具有中国特色内容的新史学,即包括政治、军事、经济、文化、社会、民族、地理环境,以及历代中外文化交流等整体结构体系的中国各代断代史、各种专史以及中华五千年通史。中华五千年历史中,其整体结构中生产力和生产关系运动推进历史的矛盾发展,以生产方式为核心的经济基础及其庞大的上层建筑所形成的各类社会形态的类型及相互更替关系,由经济基础决定的阶级结构特征,上层建筑中各代国家政权、法律、行政机制的运转,以及各类文化与各社会形态的相互关系,人民群众创造历史与杰出历史人物推进历史进程的辩证关系,等等,都具有自己的历史发展特征,迥然不同于世界其他各国。虽说中国历史发展的具体历史特征必然包含世界历史进程的某些共性,但这种共性是通过中华五千年历史的个性特征中某些内涵去体现的。

而中国历史新史学理论及其历史的整体结构体系一旦真正建立后,就必然对唯物史观的理论和方法有所补充、丰富和深化,甚至有所创新。在辩证唯物史观中国化治史实践中,最为关键的有两点:第一,只能将唯物史观作为理论指导和引领,绝不能把它视为封闭僵化的绝对真理,用它去套中国历史,或者削足适履地剪裁中国历史去比附唯物史观理论或其中的个别观点。必须以中国历史的时间、地点、条件为依据,从中国历史实际出发,去探索中国历史发展特有的客观规律,从而建构起中国新史学理论和历史实体的完整体系。第二,必须发挥史家的创新精神。应当在继承老一代学者学术成就(包括运用唯物史观经验)的基础上前进,任何一个民族的历史文化发展都有一种必然的传承性,没有继承就没有创新,而创新又是最好的继承。我们要尽量吸取老一代学者运用辩证唯物史观治史的真知灼见。在运用其基本观点和方法时,紧紧抓住中国历史实际,一切从中国历史的特征出发,构建有中国特色的古代社会的完整体系。还应该强调,在唯物史观中国化过程中,必须不断地调整新史学的研究方向,扩充史学实体的新领域,提升中外史学交流和社会致用的价值功能。同时,还应当注意在研究内容上要使史学与其他多学科互相渗透,注意研究方法的多样化、研究手段的现代化、研究成果的信息化,使新史学理论与新史学实体更具有时代精神。

在以唯物史观为指导研究中国历史时,首先要认识史学自身的特殊性,那就是在史学研究中,无论是继承创新还是原始创新,都必须有个前提,即真正掌握好地上文献资料、地下文物考古资料、一千多年来前人的研究成果资料,再去粗取精,去伪存真,择善而从,掌握准确可靠的资料。有了这个基础工作,才能进一步探索历史社会各领域的真实内容和客观规律。揭示历史进程的客观规律,是真正的创造性思维活动。早在两千多年前,司马迁就响亮地提出"究天人之际,通古今之变,成一家之言",以及"网罗天下放失旧闻,考之行事,稽其成败兴坏之理"。这里所谓"古今之变"和"兴坏之理",就是指历史发展规律。司马光讲"资治""通鉴",也是指用历史发展的经验和规律来指导君主和封建政权的治国实践。这些古典史家和学者的观点,无疑是很卓越的,它对我国古典史学起着积极的影响。但他们由于世界观和方法论以及时代条件的局限,不可能真正揭示出历史进程的客观规律。今天,自然科学和社会科学突飞猛进,各个历史研究领域又大为拓宽,这使治史者有可能做到科学地阐述历史现象的内在实质,揭示出历史发展的客观规律。

我们知道,即便是从微观角度研究历史,要精审地解决历史上和文献中的众多疑难之点,也要求对全部有关资料做汰伪存真的清理,做精辟入微的考证,才能求得可靠的结论。正如梁启超在《清代学术概论》中所言顾炎武"所以能当一代开派宗师之名者","在其能建设研究之方法而已。约举有三:一曰贵创,二曰博证,三曰致用"。在"博证"中说:"论一事必举证,尤不以孤证自足,必取之甚博,证备然后自表其所信。"探索历史规律,当然比单纯考证个别历史事件要复杂困难得多。实际上,在历史研究中,考证与论述、微观与宏观二者是紧密联系在一起的。微观研究能为宏观研究奠定基础,而宏观研究又可以带动和提升微观研究。初治史者,尤其要重视考证和微观研究,因为史学实证性极强,历史研究的正确结论是要在充分掌握和准确解读大量资料的基础上,再经过理论分析,而抽象升华出来的。专著和论文中的上乘之作总是史实考证严谨、理论分析精审与符合历史实际的见解三者的完美结合。

唐代史家刘知几在《史通》中提出"才、学、识",即所谓的"史才三长"说。元代文坛"四杰"之一的历史学家揭傒斯在任修辽、金、宋三史总裁官时,针对当时学者争正统而互相攻讦的现象,提出了"修史之德"的"心术"主张。他认为修史"以用人为本。有学问文章而不知史事者,不可与;有学问文章知史事而心术不正者,不可与。用人之道,又当以心术为本也"。他毅然"以笔削为自任。凡政事得失,人才贤否,一律以是非之公;至于物论之不齐,必反复辩论,以求归于至当而后止"。清代章学诚继承揭氏主张,在《文史通义》中专列《史德》一篇,明确提出"史德"观点,并做了理论上的界定。他说:"能具史识者,必知史德。德者何?谓著者之心术也。"章氏正式提出心术即史家的道德品质,这是指史家从事史学研究的主观意图及动机和目的。史家必须心术纯正,才能具有治史的职业道德。这里的"史德"应有两层意思:一是指古典史家主张的秉笔直书,善恶实录,此乃求真务实意识;一是指史家学风严谨,要沉下心来,花深功夫,下大力气,对一切历史事件、制度、人物的阐述评论"律以是非之公""以求归于至当"。由此,提出真知灼见,寻求历史发展的客观规律,对历史负责,对人民负责。应当说,德、才、学、识乃是对自然科学家和社会科学家(包括史学)基本素质的全面要求,其中"德"应是史家的灵魂。所以章氏在《史德》篇中反复强调,如果史家没有"史德",即便再有才、学、识,也不能写出真正的历史。

朱先生常告诫晚辈:史学创新,特别是第一流的创新,不仅需要"才、识、学"史学三长,更需要心灵的真诚和人格的坚挺。一个明智史家的人生哲理,就是要不断奋发地探求历史客观规律,勇于史学创新。人类社会就是在追求真理中不断地创新而推进社会历史向前发展的。这也正是朱先生五十多年在史学研究中的深刻体验和理性认识。他在主编每部论著时,不仅制定撰写指导思想和内容结构,还亲自参加各卷章节安排。在审阅书稿时,有时会亲自动笔修改,若有疑难,或与作者反复商讨,或听取有关名家意见,其治学态度,可谓一丝不苟。

朱大渭先生在中国社科院历史所工作的五十多年间,兢兢业业,建树甚多,极受学界尊重。先生在其专著《六朝史论》《六朝史论续编》中,以唯物史观作指导,学风严谨,实证性突出,升华出的观点,常以地上文献和地下文物相结合,用多重论证法,因而论据充分,论证缜密,说服力极强。在探究历史制度和历史事件时,先生以深厚的史学功底,高屋建瓴,上溯先秦、秦汉,下贯唐宋、明清,因而对魏晋南北朝时期的制度事件有深邃的透视与理解。因此,李学勤先生曾指出:"学术界只知道朱大渭先生精治汉唐历史,实际上他对中国史各个方面均有深厚的修养。"在具体论证史实时,先生不仅发扬乾嘉学派考证求实的优良传统,还吸取西方史学学者的计量学方法,其论著中有大量丰富准确的统计数据,供其论见或成定论,或为一家之言。在研究具体历史问题时,先生更严格做到求真务实。王敏铨先生在《研究历史必须实事求是》中认为,三十多年来,出版的文章和论文集,最多的莫过于中国农民战争史和资本主义萌芽。这两个课题的研究有几个方面欠实事求是。"民逃,为逃役耳。"(明宣宗)过去我们的史学界不大注意这一点,也可以说有意无意地躲避这一点。不幸的是,这一点在农民战争史上正是关键性的一点。朱大渭在《中国农民战争史·魏晋南北朝卷》的《绪论》中说"几乎所有大规模农民起义都与徭役有关",这话不仅合乎魏晋南北朝的实际,也能印证其他时期农民战争的原因。这正是王先生对朱大渭先生治史求真务实精神的肯定。在2000年11月6日周一良先生给朱大渭先生的信中,这样写道:"收到大作《六朝史论》,不胜感谢。政治经济史之外,尊著注重论述各种制度及社会习俗,别出心裁,补各家之不足,佩服佩服。"华东师范大学教授牟发松指出:"《六朝史论》作者是新中国培养的第一代魏晋南北朝研究者的优秀代表,……如果将《六朝史论》视为这一代研究者的代表性成果之一,似不为过。"日本大阪府立大学教授中村圭尔在评价《六朝史论》一书时说:"本书是一本真正高水平的学术论文集,内容非常丰富,其成果兼具有广度和深度而又创新的鲜明特色。兼备独自特色和重要成果,可以把它视为新中国魏晋南北朝史研究的又一新的里程碑。"最近重庆师范大学教授孔毅在《旧学邃密新知深沉——朱大渭学术成就评析》一文中,对朱先生新作进行了全面深入的分析后说,以往中外学者对朱先生学术成就的高度评价,从新作来看也是公允而符合实际的。并进一步指出,朱先生在新作中特别强调:"当前要开创历史研究的新局面,就必须倡导唯物史观中国化,推进历史科学体系和观点的创新,从而构建中国新史学理论。"同时对唯物史观中国化,从深层次做了全面的论述,这是从当前史学理论发展复杂的形势提出的具有较强的针对性论述,它将对中国史研究产生积极深远的影响。作为新中国培养的第一代魏晋南北朝研究者的优秀代表,朱大渭先生强调作为治史者,应不懈地追求"德、才、识、学"完美统一。在五十多年的治学历程中,先生也正是以此自励,以其主要论著证实了他不懈地追求治史理念的执着精神,为后学树立了榜样。

(戴卫红)

目录

总　说
- 典型的封建自然经济　　3
- 不断更迭的封建王朝　　6
- 汹涌的民族融合浪潮　　17
- 开放融合的文化和社会生活　　20

分　说

经济　　29
- 魏晋封建论说　　29
- 魏晋南北朝阶级结构试析　　33
- 魏晋南北朝南北户口消长揭秘　　41
- 北魏的国营畜牧业经济　　49

政治　　58
- 魏晋南北朝政界名人成才年龄结构　　58
- 两晋南北朝官员的俸制和致仕　　63
- 南北朝时期豪强酋帅兴起与政局变迁　　78
- 魏晋南北朝基层政权组织　　91

军事　　97
- 魏晋南北朝时期的军事特征　　97
- 水军和骑兵的大发展　　104
- 套城和长城的防御体系　　113
- 诸葛亮的军事思想　　122
- 夷陵之战与《隆中对》　　127

人物　　134
- 贤相诸葛亮　　134

千古名将关羽	144
谢安的政治军事功业	151
南朝历史的开创者刘裕	158
杰出的革新家魏孝文帝元宏	164

民族 170

儒家民族观	170
十六国北朝民族融合的趋同性	173
十六国北朝各少数民族融入汉族总人口数考	179
十六国北朝民族融合的深远影响	187
南方蛮、俚、僚少数民族与汉族的融合	190

社会、文化、科技 199

魏晋南北朝文化的基本特征	199
中古汉人由跪坐到垂脚高坐	209
中古宗族组织所反映的文化内涵	213
麻沸散的发明与外科大型手术	219
古代"机器木人"的始创和机制	223

附　录　朱大渭先生个人主要论著目录　　229

总说

典
型
的
封
建
自
然
经
济

总说

黄巾起义被镇压之后,各地军阀和豪强地主势力相结合而形成的许多军事集团,互相混战,迄至隋统一南北,战乱分裂局势约延续了四百年。由于长期分裂割据、朝代更迭频繁,汉族封建统治者和少数民族首领为夺取统治权而互相残杀,社会动荡不安。特别是北魏统一以前,北方历次战乱破坏性极大,天灾人祸,造成我国历史上人民空前的流离转徙与大量死亡,饥民遍野,饿殍满道。从全国户口升降来看,东汉桓帝永寿二年(156年),户1600万以上,口5000万以上。西晋太康元年(280年),户245万余,口1616万余。经过一百多年,户口不但没有增多,反而减少了三分之二。当然,户口如此锐减,与门阀豪强地主依附人口增多以及大量逃亡有关,但从历史实际看,这只是一种因素。直至隋统一后的大业二年(606年),有户890万余,口4601万余,时隔450多年,户口还没有完全恢复。直到唐天宝十四年(755年)以后,户口才恢复到东汉后期的数字。魏晋南北朝时期虽偶有经济恢复局面,如西晋初年、南朝刘宋元嘉时代、北魏太和时代,但经济恢复或限于局部地区,或者时间非常短暂。这种政治经济形势使得两汉初步发展的商业和货币经济,这时完全处于萎缩状态。

两汉之际,城市商品生产和货币经济已初具规模。当时,货币除大量的作为交易媒介外,官吏俸禄的一半以上以钱支付,其余一半给予谷物,农民的口钱、算赋,全部以钱缴纳。人民每年戍边三日,服役一月,也可用钱代替。东汉末年,政府对于郡国的土地,除收纳部分谷物外,还课以每亩十钱的租税。但从魏晋至隋因为长期战乱分裂,财力消耗、人口散亡、灾疫严重、土地荒芜、生产凋敝、交通阻塞,钱币铸造既少且质量低劣,因而商业和货币经济完全衰落,以谷物和布帛等实物交换盛行。南朝虽然货币流通略有复苏,但仍以实物和货币在市面上相互流通。北朝太和以后钱币开始流行,但也是非常有限的。

这种经济状况,使得从曹魏开始,国家征收租税发生重大变化。除田租与两汉相同以农产品为主外,曹魏将两汉算赋和口钱以丁为单位征收货币,改为以户为单位征收绵绢的户调,同时徭役不再用钱代免。从此,不管以后封建王朝征收租税如何变化,但从曹魏开始的田租户调以农业和手工业生产的实物为主的租税制,一直沿袭到唐代实施两税法才废止。北魏时连盐税也征收实物。南朝虽然租税收入中有部分货币,但远不如实物的比重占得多。此外,魏晋以来农民耕种地主和官府的土地,完全交纳实物地租。官吏俸禄由汉代的一半给货币,基本上改为全部给谷帛等实物,只有北齐官俸有三分之一是以钱支付的。小手工业者和自由职业者的报酬,虽然种类繁多,也是以布、帛、米、粟、麦等农业和手工业产品支付。魏晋至隋代社会经济方面的变化,以及与此相适应的国家租税征收的变革,非常清楚地表明,这个时期是我国封建社会自然经济最典型的时期。

魏晋南北朝时期,士族在经济上广占良田,形成了庄园经济。士族庄园占有大量土地,拥有许多依附农民,却不向国家承担各种赋税和徭役,影响了国家的财政收入和兵役杂税的来源。同时,这种经济具有明显的封闭性,它是导致这一时期分裂割据的经济基础。

随着佛教在中国的迅速传播,寺院经济实力增强。它以宗教关系为纽带,通过神权和教义的力量进行维系。寺院占有许多劳动力,包括下层僧侣、僧祇户、佛图户等。寺院经济过度发展,广占田宅、侵夺百姓、与官府争夺劳动力和税收,使农民负担加重。但寺院经济的发展,为这个时期佛教文化的发展提供了物质基础。

东汉末年频繁的战乱,使黄河流域的经济受到严重破坏,人民流亡,经济衰落。而长江流域则相对稳定,没有受到太多的战乱影响,加之北方人口大量南迁,带去劳动力和中原先进的农业技术,因而南方的经济大发展。北魏时颁行的三长制和均田制相辅相成,不分民族成分而分土定居,统一成为国家编户,不仅有利于社会稳定,而且促进了社会经济的发展。在实行均田制以后,北方民户大增,经济实力也不断加强,从而奠定了北强南弱的基本格局。

不断更迭的封建王朝

魏晋南北朝时期是分裂期较长的时代,是战乱频繁的时代,也是封建王朝不断更迭的时代。这个时期,史家习惯于从建安年间(196—219年)算起,至隋开皇九年(589年)灭陈止,前后近400年。在这约四个世纪中,除西晋曾实现过短暂的(约37年)统一外,全国长期处于分裂割据状态,先后建立过35个大大小小的政权。各政权间或争夺势力范围,或欲统一全国。群雄角逐,战乱不已,政治风云变幻多端,整个社会处于极度的动荡之中。大致说来,这个时期可分为三个阶段:自汉末战乱至西晋灭亡为第一阶段;自西晋灭亡经东晋十六国为第二阶段;自刘宋代晋和北魏统一北方至隋统一为第三阶段,也即历史上所谓的南北朝时期。在第二、第三阶段中,全国处于南北对峙的政治形势,其间北方经历了三次分裂和统一,自西晋灭亡,南方经历了东晋、宋、齐、梁、陈五个朝代;至隋灭陈后,全国才又实现了大一统的政治局面。

东汉末年,各种社会矛盾激化,结果在灵帝中平元年(184年)爆发了以黄巾军领袖张角为首的各族人民大起义,地方割据势力乘机而起。从中平六年(189年)董卓之乱开始,全国各地,特别是黄河流域的军阀之间展开了空前的大血战,其结果是形成了魏、蜀、吴三国鼎立的局面。三国政权处于六朝时代的肇始期,在政治、军事、经济、社会、文化等各个方面都具有创新意义。六朝时期的门阀士族制、三省制、地方刺史和督军制,北方流民向南方和边区大迁徙、民族大融合,屯田、占田、均田制、户调租税制、奴客制,儒家独尊转为百家争鸣,中外文化交流频繁,佛教和道教兴盛,从而在文化上出现了自觉趋向型、开放融合型、宗教鬼神崇拜型、地域型等文化特征,所有这些,大体上都是从东汉末和三国时期开端的。魏、蜀、吴等各派政治势力为实现统一的目的,又都在政治、经济、军事、文化等各个方面奋发图强,锐意革新。在政治上,整顿史治,用人唯才,贤能得用,法令严明,政治清明;在军事上,兵士来源、军队组织、战略战术思想、骑兵和水军运用、武器装备都有较大发展;在经济上,大力发展农业和手工业生产,兴修农田水利,南方和边区经济得到开发;在文化科技上,有建安七子的诗文创作,玄学的兴起,机械、地图、数学、医学等科技兴盛。同时,在这种政治、军事、经济和文化科技等各种斗争发展都相对活跃的历史时期,人们有了更多的机会来充分发挥自己的聪明才智,由于政治军事斗争最为激烈,因而形成了安邦定国、文韬武略等各类人才辈出的局面。鲁迅所谓"盖当时多英雄,武勇智术,瑰伟动人"。而且三国的开国君主都可称明主,手下网罗了一大批杰出的文臣武将。从事功方面看,三国都是打着正统或维护正统的旗号,谋求剪除异己,实现新的统一。

后来魏灭蜀,司马氏代魏后于太康元年(280年)派兵灭吴。至此,自中平六年董卓之乱开始的全国大分裂局面,在延续了整整91年后,又重新归于统一。但此景不长,全国很快又陷于抢夺皇权的宗室内讧战争"八王之乱"中,最后司马越取得胜利,毒死惠帝,另立晋怀帝。八王之乱给社会造成了惨重的破坏。因此,在八王之乱后,南北各地相继爆发了流民起义。一些少数民族首领乘机起兵,建立政权。晋惠帝建武元年(304年)匈奴

孙权

司马懿

司马睿

刘渊建立政权,国号汉。永嘉四年(310年)刘渊死,其子刘聪继位。次年,刘聪派刘曜和王弥等率军攻下洛阳,俘虏了晋怀帝。接着,刘聪又派刘曜率军攻入关中,占领长安。西晋雍州刺史贾疋等拥立司马邺为帝(愍帝),夺回长安。建兴四年(316年),刘曜再度攻下长安,俘虏了晋愍帝,西晋至此灭亡。汉军在洛阳和关中大肆烧杀抢掠,史称"永嘉之乱"。西晋灭亡后,由原来司马越派驻建邺(今南京)的琅邪王司马睿称帝,建立东晋(317

年)。南北分裂对峙的局面至此形成。

西晋灭亡后,北方进入了所谓五胡十六国时期。这个时期又可分为前后两个阶段。前期的地方政权计有:汉(匈奴)、前赵(匈奴)、后赵(羯)、冉魏(汉)、前燕(慕容鲜卑)、前秦(氐),另外还有巴蜀地区的成汉(巴氐)、西北地区的前凉(汉)和内蒙古地区的代国等。这些地方政权,除成汉亡于东晋外,其余兴亡情况如下:刘渊建立的汉国传三世而亡,刘曜夺权建立前赵,羯人石勒乘机建立后赵。后赵攻灭前赵,而亡于冉魏。冉魏为前燕所灭,前燕亡于前秦。另外,前秦还灭了仇池氐(白马氐)、前凉和代国,曾一度统一了北方。

前秦的统治者比较清醒地认识到"黎元应抚,夷狄应和",实行一系列减轻赋役和发展生产的措施。永兴元年(357年),苻坚即秦王位后,劝课农桑,兴立学校。永兴二年(358年),"开山泽之利,公私共之。偃甲息兵,与境内休息"。甘露元年(359年),王猛为中书令、京兆尹,苻健妻弟强德"昏酒豪横,为百姓之患"。王猛捕而杀之,陈尸于市。中丞邓羌与王猛协力,剪除贪官污吏,"数旬之间,贵戚豪强诛死者二十有余人,于是百僚震肃,豪右屏气"。甘露三年(361年),苻坚下令:"其有学为通儒、才堪干事、清修廉直、孝悌力田者,皆旌表之。"于是人思劝励,盗贼减少,"请托路绝,田畴修辟,帑藏充盈"。建元十三年(377年),因关中水旱不时,苻坚发王侯以下及富家僮隶三万人,开泾水上源,凿山起堤,通渠引水,灌溉冈卤之地,百姓赖其利。王猛善治国,整齐风俗,政理称举,举办学校,关陇清晏,百姓丰乐。自长安至诸州,皆夹路栽槐柳,20里一亭,40里一驿,旅行者取给于途,工商贸贩于道。百姓歌之曰:"长安大街,夹树杨槐。下走朱轮,上有鸾栖。英彦云集,诲我萌黎。"前秦政权实行革新所带来的政治清明、经济繁荣的局面,不仅在十六国时期是少见的,就是在两晋时期也不曾有过。

383年,前秦在淝水之战中,败于东晋。前秦瓦解,北方又陷入分裂割据的状态,进入五胡十六国后期。这期间的北方割据政权有关东地区由慕容氏建立的后燕、西燕、南燕和由汉人冯跋建立的北燕,西燕为后燕所灭,而后燕则亡于北燕,南燕亡于东晋,北燕也亡于北魏。关中地区有后秦(羌),其北面是匈奴铁弗部建立的大夏。后秦亡于东晋而大夏则据有其地,吐谷浑灭大夏。陇西至河西走廊有西秦(鲜卑乞伏部)、北凉(卢水胡沮渠部)、西凉(汉)、后凉(氐)、南凉(鲜卑秃发部)。后凉亡于后秦,南凉亡于西秦,西秦亡于大夏,西凉亡于北凉,北凉归降北魏。

北魏是由道武帝拓跋珪建立的,先居牛川(今呼和浩特东),后都平城(今大同)。自道武帝开始,经明元帝拓跋嗣,至太武帝拓跋焘太延五年(439年),北魏完全统一了北方,在此前,东晋也为刘宋所代替,由此正式形成了南北朝对峙的局面。

北魏统一北方后,所有进入中原的胡族部落进一步解体,而汉族中的封建依附人口的一部分也游离出来,加上北方民族融合的基础扩大,这就为魏孝文帝的改革铺平了道路。魏孝文帝进行了重要的经济改革,即实行均田制。为了强化地方政权,在均田令颁布的第二年,建立了三长制,废除原来"百室合户,千丁共籍"的宗主督护制。在施行均田制时,规定了新的租调制度。北魏自实行均田后,垦辟了不少荒地,被北方长期战乱破坏的农业生产,这时逐渐恢复起来,人民生活比较安定,社会经济也逐渐繁荣。北魏均田制推行后,社会经济逐渐恢复,政治形势趋向稳定。为了进一步控制北方各族人民，所谓"光化中原"，北魏王朝于太和十八年(494年)迁都洛阳。紧接着，孝文帝进行了改革官制、禁止胡语胡服、改鲜卑姓为汉姓、恢复和建立士族门阀等级制度等一系列汉化措施。在建立士族门阀等级制度时，他不仅将以往汉族中的士家大族按姓氏划分出门第等级，而且在鲜卑拓跋族中也如法炮制，划分出门第高下，仕进和婚姻大致以门第为准。但这一措施也人为地激化了北魏统治阶级和各族人民的矛盾，而且在统治阶级内部制造了分裂的因素，其结果便是在孝明帝正光四年(523年)，爆发了沃野镇(今内蒙古五原县西北)、怀朔镇(今内蒙古固阳县西南)、武川镇(今内蒙古武川县西南)、抚冥镇(今武川县东北)、柔玄镇(今内蒙古兴和县西北)、怀荒镇(今河北张北县)六镇城民起义。

由此开始，各地的起义屡仆屡起，前后延续了八年之久，给北魏政权予以沉重的打击。世居秀容川(今山西朔州西北)的契胡首领尔朱荣乘机招兵买马，镇压起义，利用北魏皇室的矛盾，控制了北魏政权。后以高欢和宇文泰两人为首的怀朔和武川两大豪强集团兴起，分立元魏两帝于邺城和长安，从而使北魏分为东魏、西魏。东魏为北齐所代替，西魏为北周所代替。在频繁的政治变动中，魏孝文帝建立的士族门阀制度迅速解体。北齐政治军事统治出现鲜卑化的趋向；而北周则由一批胡汉混血贵族进行统治，大量重用汉族士人，进行了一系列卓有成效的改革。

西魏北周政权的政治革新集中在宇文泰当政和周武帝宇文邕时代。改革内容可以分为五点。

第一，擢贤良，整顿吏治。要实行改革措施，首先必须选贤任能，因为改革要由各级官吏去执行。宇文泰令苏绰制定的《六

宇文邕

条诏书·擢贤良》中指出："上至帝王,下及郡国,置臣得贤则治,失贤则乱,此乃自然之理,百王不能易也。"所以,西魏北周选举不限门第高下,"唯在得人"。对于各级官吏,每年都必须"勤而审察,去虚取实,各得州郡之最而用之"。大统四年(538年),周惠达为吏部尚书,"尽心勤公,进拔良士"。以后薛端为吏部郎中,不避权贵、选进贤能,他所任用的官吏,多为才能之士。

第二,实行均田制,尽地利以发展生产。西魏重新颁布了均田令,规定一夫一妇授田一百四十亩,未娶的18岁以上的男丁,授田百亩。18岁成丁授田,64岁年老退田。十口以上人家授宅地五亩,九口以上授宅地四亩,五口以下授宅地两亩。为了严格推行均田制,北周法律规定:"正长隐五户及十丁以上,隐地三顷以上者,皆死。"严惩隐丁、隐地,显然是为了有效地推行均田。西魏北周政权为了配合均田制的施行,强调各级官吏必须劝课农桑,"使农夫不废其业,蚕妇得就其功。若有游手怠惰,早归晚出,好逸恶劳,不勤事业者,则正长牒名郡县,守令随事加罚,罪一劝百"。《六条诏书·尽地利》还教诫说,在农忙时不息役省事,"而令民废农者,是则绝民之命,驱以就死"。如无劳力及无牛之家,劝令"有无相通,使得兼济"。农闲及阴雨之日,"当教民种桑、植果,艺其菜蔬,修其园圃,畜育鸡豚,以备生生之资"。《六条诏书》是西魏北周牧守令长为官治民的准则,所以官吏一般对于农业生产比较注意。不少地方官吏"亲巡垄亩,劝民耕桑""敦奖风俗,劝以农桑"。

第三,均赋役,减轻对人民的剥削压榨。西魏北周赋役制度,一夫一妇岁收绢一匹,绵八两,田赋粟五斛,未娶妻的丁男减半征收。其非桑土,一夫一妇岁纳布一匹,麻十斤,未娶妻的丁男减半收纳。并规定丰年全赋,中年收半赋,下年收赋的三分之一;"若艰凶札,则不征赋"。关于力役,"凡人自十八以至五十有九,皆任于役"。丰年不过30日,中年则20日,下年则10日。凡征徒役,每年每户只征一人。如家有80岁的老人,则一子不从役。"若凶札,又无力征。"

第四,创立府兵制度。西魏北周军队的主力,由六镇府户、"六坊"鲜卑兵、关陇军户城民、关中士族豪强乡兵集团四部分组成。西魏大统三年(537年)宇文泰为柱国大将军,以后增设七个柱国大将军。至大统八年(542年),把原有的十二军改为六军。至大统十六年(550年),宇文泰正式完成了府兵制的建置。府兵制是鲜卑部落兵制和周官六军之制的结合。府兵组织中的八柱国,相当于鲜卑的八部。宇文泰为八柱国之首,地位在诸柱国之上,由他总领诸军。宇文泰以下实际上是六柱国(西魏宗室一柱国虚设),又是仿照周官六军之制。六柱国各督两个大将军,每个大将军督两个开府,每个开府领一军,共二十四军,这就是府兵制的编制系统。府兵直接由西魏北周中央政权统率和指挥,属于中央禁卫军性质。府兵的高级将领,大多属于六镇武川上层府户豪强酋帅或关中士族豪强,无论上级军官和普通士兵都有汉族和各少数民族在内。府兵兵士的地位比原来军户的地位要高,他们每月一半时间"门栏陛戟,警昼巡夜",另一半时间"则教旗习战"。府兵兵士开始时不列入郡县户籍,不承担民户的赋役。每个兵士"唯办弓刀一具","甲槊戈弩,并资官给"。显然,他们的身份地位同于一般民户,比起身份卑贱"役同厮养"的军户,有了很大的提高。这是府兵制下兵士战斗力增强的重要原因。府兵制开始时兵农分离,至隋唐发展为兵民合一,府兵制便同均田制相结合,兵源更加扩充,组织更加严密,成为封建社会一种重要兵制。府兵制的建立和发展,强化了封建中央集权,对于北周统一北方,隋进而统一全国,也起了重要作用。

第五,释放奴婢,罢沙门道士为民。周武帝实行了大批放免奴婢和完全放免杂户的政策。在其接连五次免奴令中,建德六年(577年)灭齐后二月下诏:"自伪武平三年(572年)以来,河南诸州之民,伪齐被掠为奴婢者,不问官私,并宜放免。"同年十一月又下诏:"自永熙三年(534年)以来,去年(576年)十月以前,东土之民被抄略在化内为奴婢者,及平江陵之后,良人(民)没为奴婢者,并宜放免。所在附籍,一同民伍。若旧主人犹须共居,听留为部曲及客女。"前一道诏令,放免北齐灭亡前全境在六年内所掠良民为官私奴婢者,主要在于削弱原北齐境内豪强经济势力,缓和阶级矛盾。后一道诏令,将北魏分为东西魏以来原北朝辖境43年来被掠良民为奴婢的,全部予以放免。其释放奴婢地域界限之广、时间之长,都是空前的,具有划时代的解放社会生产力的重大意义。周武帝灭齐后下令,凡是杂户,悉免为民,"配杂之科,因之永削"。杂户是专为封建政权服杂役之户,世代相传,其身份地位同军户相似,比奴婢略高,比农民略低。奴婢、杂户的大量放免,对推动社会生产力的前进,无疑起了积极作用。

北朝寺院经济势力强大,北魏末年竟有僧尼200万人。到北齐、北周时期,佛教寺院经济势力仍在发展,僧尼总数达300万人。僧尼人数的增加,表明逃避赋役的人户增多,影响国家的赋役征发,也不利于加强中央集权。因此,周武帝决心毁灭佛、道。建德三年(574年)五月下诏:"断佛、道二教,经、像悉毁,罢沙门道士,并令还民。"在灭北齐以后,又下令在原北齐境内继续灭佛,僧众"皆复军民,还归编户"。北齐、北周僧尼300万皆编入民籍,寺院土地分给人民,北周政权获得了大量土地和劳动力,财力兵源大增,加上其他改革措施,使北周国力更加强盛,为隋统一全国奠定了基础。

而在南方,东晋在长达百余年的时间里,既缺乏有作为的皇帝,也很少有作为的将相,政权腐败不堪,朝廷内及中央和地方势力之间矛盾重重,因此,朝中大权最后落入北府兵将领刘裕手中。420年,刘裕废晋恭帝而自立,建立了刘宋政权。刘宋武帝、文帝两代有所作为,多有革新,但不可能从根本上消除士族门阀势力。因此,后经齐、梁两朝,虽起用寒人,南朝还是一步步衰落下去。到陈朝建立时,辖境只有江陵以东、长江以南的一隅之地。开皇九年(589年),隋文帝杨坚派大军俘虏了陈朝的末代君主陈叔宝而一举灭陈,至此全国复归于统一。

纵观魏晋南北朝的历史,我们不难发现,这是中国封建政权最富于变化的年代。从三国到隋统一,先后共建立约35个封建政权。在35个政权中,由高门士族和各少数民族贵族建立的共26个,占政权总数的79%。从政治形势和民族融合发展变化看,两晋基本上是门阀政治,从刘宋开始士族走向衰落,到陈朝士族完全没落,南方豪强酋帅兴起,这是两晋南朝封建统治层的大变化。北方十六国前期民族矛盾十分严重,民族融合进入初期阶段,十六国后期民族融合有所发展,北魏统一后,民族融合进入全面发展阶段,在魏末各族人民大起义中,六镇地区各少数民族南下后在共同的起义斗争中,也促进了民族融合的进程。代北地区胡汉豪强酋帅兴起后,建立北齐、北周政权,北周灭北齐后,隋文帝杨坚代周,北方民族融合才接近完成。

汹涌的民族融合浪潮

两汉以来,西北方的少数民族逐渐向关中转移,北方少数民族也向塞内迁徙。至西晋时,北方内迁各族分布情况,从今天的行政区域看来大体如下:匈奴分布在甘肃、陕西、山西和内蒙古各地,其中包括羯人和杂胡等。卢水胡也属匈奴别部,主要分布在甘肃、陕西、青海等地。羌人主要分布在陕西、甘肃、青海一带,少部分居住在四川和西藏地界。氐人分布在甘肃和陕西、四川接界地区。乌桓一部分迁移到河北、山西、河南等地,余部并入鲜卑。鲜卑各部活动在东北、河北、内蒙古、陕西、甘肃边郡地带。

在十六国北朝近300年间,我国北方六个主要民族(汉族加五胡)前后建立起约21个政权。十六国北朝各类政权,实际上是以一个少数民族的上层分子为主而包含汉族士人在内的多民族骨干参与组成的联合政权(前凉、西凉为汉族上层所建),其统治下的人民也是以汉族为主且包含文明程度参差不齐的各少数民族在内。也就是说,十六国北朝各个政权,乃是由多民族多元化所组成的混合体政权。以北朝为例,北朝(魏、齐、周、隋)四书所记当时在历史舞台上的人物共计7188位,其中汉族4941人,约占总人数的68.72%;鲜卑族人物1737人,约占19.10%;匈奴人物215人,约占总人数的3.10%;其余氐、羌、羯、蛮、柔然、吐谷浑、杂胡和西域人共计1080人,约占9.08%。由此可见,北朝五个政权(北魏、东魏、西魏、北齐、北周)除包含六个主要民族人物外,还包含其他国内外少数民族人物在内。根据初步考察,十六国北朝融入汉族的少数民族有13个,人口总数约有1136.1万人。按北魏熙平元年(516年)国家领民最多时为3232.7万人计,少数民族参加汉化的人口数约占国家领民的35%。如此众多的民族和人口要实现汉化,要彻底改变其原有的政治、经济、文化状况,其斗争的激烈程度和复杂局面是可想而知的。再加之多民族多元化所组成的政权,各族文化相异所出现的竞争和碰撞,由此而产生的民族融合和文化相互渗透的历史机遇,以强大的历史合力推动着各个民族、各个家族及其相关的政治军事集团及其代表人物,在奋力抗争或合作的对立统一中求生存、创事功。随着民族大融合在政治舞台上所表现出来的勃勃生机,相应地出现了开放融合型文化学术交流的宽松环境,促使人们思想开阔,学风自由,并激化兼容并蓄,取长补短,优胜劣汰,从而各族人民共同肩负起创造新汉族文化的历史重任。

西晋末年北方大乱,汉族人民大量南移,汉族封建王朝南迁,促使南方汉族和少数民族的斗争和融合向前发展。当时活动在南方历史舞台的少数民族有蛮、僚、俚三大支。从今天行政区域来看,这三支少数民族聚居之地,东起安徽,西北达陕西,南到广州,西及四川,包括今湖南、湖北、河南、江西、广西等地界。就我们所知道的蛮、僚、俚三族人口的一部分(远非全部),共计在300万人左右。刘宋大明八年(464年),有户94万余。据《宋书·州郡志》,大明八年,口数为546万余,这算是南朝国家掌握的最多的人口数字。而三支少数民族的部分人口数,占南朝国家掌握的总人口的一半以上。这些少数民族无论就所占区域之广,人数之多,在南朝政治、经济、军事上都具有重要地位。

东晋南朝封建统治者对那些直接由州、郡、县统率的少数民族人民,强行征收赋税,征发各类徭役;同时对南方"诸蛮陬俚洞,沾沐王化者,各随轻重,收其赕物,以裨国用"。为了更好地管理蛮、僚、俚等少数民族人民,南朝各政权在少数民族聚居地建立了左郡左县。左郡左县的建立,意味着少数民族地区的土地和人民进入汉族中央政权统治之下,少数民族地区的生产关系和上层建筑都纳入封建生产方式之中,其社会经济和文化习俗也必然逐步与汉人融合起来。

魏晋南北朝时期民族融合的进程,始终受相对先进民族文化(汉文化)"同化"相对后进民族文化的历史规律制约,即先进民族文化从各方面无形中对后进民族文化有一种强大的无法抗拒的冲击力和吸引力。这是人类在历史长河中,总是不断地企求物质上和精神上高水平的生存欲望所决定的,它是不以人们的主观意志为转移的。当然,这里还包含着以先进生产力为代表的封建制生产方式,必然代替以落后生产力为代表的奴隶制生产方式的历史必然性。实际上,这种必然性是在人们追求高水平的生存欲望的推动下完成的。

开放融合的文化和社会生活

魏晋南北朝时期国内各民族大融合,中西文化交流频繁。当时人们的思想较为开放,原先的封闭状态被打破了,汉族对外来文化表现出了一种包容和吸取的积极精神,同时少数民族中的杰出人物也热衷于学习汉族先进文化。尤其在北中国表现得更为明显,无论政治制度、经济生活、礼仪风俗、学术思想等,都不是汉族单一型的,而是以汉族文化为主,包罗国内各少数民族的文化和外来文化。从人们社会生活的角度看,早在东汉末年,西域文化便传入我国,史称汉灵帝"好胡服、胡帐、胡床、胡坐、胡饭、胡箜篌、胡笛、胡舞,京师贵戚皆竞为之"。西晋泰始(265—274年)以后,"中国相尚用胡床貊槃,及为羌煮貊炙,贵人富室,必蓄其器,吉享嘉会,皆以为先"。太康(280—289年)时期,人们普遍以胡人生产的毡"为絈头及带身、裤口",并相习成风。

西晋灭亡以后,北方和长江上游先后由五胡建立起14个政权(前凉、西凉、冉魏、北燕为汉人所建立)。当时民族融合还远未完成,匈奴、鲜卑、羯、氐、羌人大都保存着自己的语言、生活习俗和礼仪风俗。

语言是人们社会生活中交往的工具。西晋灭亡之后,北方语言较为混杂。十六国后赵石勒将与前赵刘曜战于洛阳,群臣皆以为不可。石勒咨访沙门佛图澄。佛图澄说:"相轮铃音云:'秀支替戾冈,仆谷劬秃当。'此羯语也。"秀支,军也。替戾

披云肩的妇女(三国)

冈,出也。仆谷,刘曜胡位也。劬秃当,捉也。佛图澄回答石勒的话译为汉语为:"军出捉得刘曜。"可见十六国时期,在北方流行着少数民族语言。北魏初期,鲜卑语盛行。道武帝时(386—408年),晁懿"言音类帝(道武帝)","以善北人语(指鲜卑语),为黄门侍郎"。孝文帝改制以前,魏廷汉语和鲜卑语并行,改制以后虽禁鲜卑语,但仅限于30岁以下的人,而30岁以上的鲜卑人,并不要求立即改说汉语。更何况孝文帝改制以后只活了四年时间即死去,以后改制实际上处于流产状态,因而北方势必恢复汉语和鲜卑语并存的状态。魏末于谨"解诸国语(懂多种少数民族语)",孙搴"通鲜卑语"而被重用。高欢行军,"每申令三军,常鲜卑语,(高)昂(汉人)若在列,则为华言"。可见高欢的士兵既懂汉语,也晓鲜卑语。即便是在南方,东晋统辖区域内居住的蛮、俚、僚等少数民族,也是"鸟声禽呼,言语(与汉人)不同"。东晋王导拜扬州刺史时,宾客数百人中有胡人,王导特到胡人前用胡语褒誉胡人,"群胡同笑,四坐并欢"。桓温南蛮参军郝隆在群僚诗会上云:"㛇隅跃清池。"桓温问:"㛇隅是何物?"答曰:"蛮名鱼为㛇隅。"温曰:"作诗何以作蛮语?"可见南朝也有使用少数民族语言的现象。

十六国时和北魏前期,胡人多穿胡服,自不待论。北魏太武帝(424—451年在位)曾说:"国人(指鲜卑拓跋族)本着羊皮裤,何用锦帛?"孝文帝太和十九年(495年)改制,明令禁穿胡服,改着汉人服饰。而在太和二十三年(499年)正月,孝文帝从邺城回到洛阳,犹"见车上妇人冠帽而着小襦袄(指鲜卑服饰)者",便责问留守洛阳的任城王元澄:"尚书何为不察?"澄对曰:"着犹少于不着者。"足见当时还有不少人着鲜卑冠服者。

魏廷改胡服,从太和十九年(495年)"班赐冠服"开始,全部冠服的制定,"积六载乃成",但服饰改制并不彻底。萧梁大通二年(528年),陈庆之北伐,次年五月占领洛阳。陈庆之亲见洛阳"礼仪富盛,人物殷阜",从而重视北朝文化。据说他回江南后,"羽仪服式,悉如魏法。江表士庶,竞相模楷,褒衣博带,被及秣陵(建康)"。庆之子陈暄,也仰慕北朝文化,他曾"帽簪钉额,条布裹头,房袍通踝,胡靴至膝",使朝士哗然。陈庆之北伐离孝文帝改制已有30年,而北方鲜卑人仍多穿胡袍胡靴。

北周君臣"平时常服或杂服制,而元旦朝贺,即服用摹拟礼经古制之衣冠"。北齐文宣帝高洋(550—559年)曾"散发胡服,杂衣锦彩"。东魏高欢部将羯人侯景,"与人论掩衣法为当左,为当右"？尚书敬显俊曰："孔子云：'微管仲，吾其被发左衽矣。'以此言之，右衽为是。"王纮反对说："国家龙飞朔野，雄步中原，五帝异仪，三王殊制，掩衣左右，何足是非。"这次争论以掩衣左右皆可而结束，实际上反映了当时人认为胡服和汉服杂用均可的文化观念。我们在现存的北朝壁画、画像石（砖）及陶俑等形象资料中所看到的一种服饰裤褶，既有右衽，也有左衽，正是当时现实生活的反映。

隋代议定仪礼时，隋太常少卿裴政奏曰："后魏以来，制度咸阙。……舆辇衣冠，甚多迁怪。

北朝步兵俑

今皇隋革命，宪章前代，其魏、周辇辂不合制者，已敕有司尽令废除。"隋内史令李德林上奏也称："周、魏舆乖制，请皆废毁。"隋文帝从之。他们都认为北魏、北周衣冠礼仪"多参胡制"，"舆辇衣冠，甚多迁怪"，即不符合汉族衣冠礼制。他们对孝文帝改制弃而不谈，似乎透露出孝文帝改制虽曾大刀阔斧实行一时，但他很快死去，收效甚微。十六国北朝胡服在中原地区流行，使秦汉以来汉族服饰主流由"上衣下裳"，逐渐向"上衣下裤"转变，并由北方向南方流传，隋唐以后，这种服饰便在汉族人民中得到普及。

西晋以后五胡入主中原，同时西域文化传入了中国，因而带来了胡汉饮食文化的融合。《史记·匈奴传》称:"匈奴之俗,人食畜肉,饮其汁,衣其皮。"北方各少数民族饮食大体同匈奴人一样,食肉饮奶酪为其基本特征。如鲜卑、敕勒、柔然和羌人中的一部分都饮食奶酪、胡饼(芝麻烧饼)、胡饭(卷面饼),东汉末年在中原地区传开后,这些少数民族饮食经魏晋以后成为南北汉族人民喜爱的食品。北魏神瑞二年(415年)秋,平城遭饥荒,群臣议欲迁都,崔浩反对说:"至春草生,奶酪将出,兼有菜果,足接来秋,若得中熟,事则济矣。"崔浩的献策被采纳,果然主要靠畜牧业生产度过了灾荒。太武帝时俘宋将毛修之,"能为南人饮食……主进御膳",这表明太武帝也喜爱南方汉族人民的饮食。

南朝士族王肃于太和十七年(493年)降魏后,开始"不食羊肉及酪浆等物,常饮鲫鱼羹,渴饮茗汁",经过数年以后,王肃在殿会上,食羊肉酪浆甚多。孝文帝感到奇怪,问肃曰:"卿(食)中国之味也。羊肉何如鱼羹? 茗饮何如酪浆?"王肃答曰:"羊者是陆产之最,鱼者乃水族之长。所好不同,并各称珍。"王肃所讲为汉胡饮食并重的观点。东晋王导喜吃奶酪,王羲之爱吃胡饼,合汉胡饮食为一体的酥茶和奶茶成为北方各少数民族喜好的食品等,都可以说明当时汉胡饮食文化交融的状况。

十六国北朝时期,中国传统的所谓雅乐正音,只有凉州张氏政权保留一部分,前秦灭张氏得之。东晋太元十一年(386年)后,一部分传入南方,一部分保留于后秦。颜之推在隋开皇二年(582年)上言:"礼崩乐坏,其来自久。今太常雅乐,并用胡声。"隋初郑译定乐之"七调",实即周武帝时龟兹人苏祗婆之"七声"。开皇初定七部乐为:《国伎》《清商伎》《高丽伎》《天竺伎》《安国伎》《龟兹伎》《文康伎》。又杂有疏勒、扶南、康国、百济、突厥、新罗、倭国等伎。至炀帝大业(605—618年)中又定九部乐为《清乐》《西凉》《龟兹》《天竺》《康国》《疏勒》《安国》《高丽》《礼毕》等。上述隋代九部乐，除《清乐》《礼毕》两部乐来自汉族外，其余七部乐均为十六国北朝时期出自东夷、北狄、西戎或西域、天竺。魏晋以后礼仪音乐等文化观念的开放性，对唐代影响颇深。

再从学术思想领域看，佛教与中国文化相交融，开始于魏晋。汤用彤先生在《汉魏两晋南北朝佛教史》第六章《佛教玄学之滥觞》中指出，魏晋"五十余年中，中华学术生一大变化"，即佛教的玄学化。牟子《理惑论》对佛教玄学化开其端，支谦等兴佛教大乘般若学，大倡"本元"旨趣，与玄学家述《老》《庄》以天地万物皆以无为本的核心命题相契合。西晋灭亡，玄学转衰，佛教玄学化更为兴盛。南齐顾欢首作《夷夏论》，以"夷夏之别"为由反佛，引起了儒、佛、道三方的一场大争论，在争论中，三方都以儒家理论驳难对方，其结果不仅没有因夷夏之别而贬低佛教，反而加深了儒、玄、佛的进一步交融。而且与佛教密切联系的石刻、绘画和建筑艺术，在南北朝时也非常引人注目。总之，魏晋南北朝思想界摒弃"夷夏之别"的旧观念，儒玄对佛理的吸取和改造，最能说明在思想理论最高层次上表现出来的开放型的文化宽容精神。

分说

经济 分说

魏晋封建论说

中国古代史分期问题是史学界讨论的一个焦点,学术界有西周封建说、战国封建说、魏晋封建说三派。就学术观点论,唐长孺、何兹全、王仲荦三位名家都主张魏晋封建说。何兹全先生的《中国古代社会》建构起中国古代奴隶制社会转变为封建制社会的理论和历史实际的完整体系。王仲荦先生《关于中国奴隶社会的瓦解及封建关系的形成问题》也对魏晋时期奴隶制和封建制两种社会形态的更替,从理论指导到史实论证做了较为详细的讲述。

唐长孺先生所撰《三至六世纪江南大土地所有制的发展》,从魏晋至隋代中国封建土地所有制形态,对地主、农民、佃客、各类依附者以及其他劳动生产者在生产中的身份地位、劳动收获物的分配、封建地租形态,尤其是佃农的复杂身份和分配及地主对其超经济剥削的情况等,均做了详尽的阐述,专从社会经济领域论述魏晋封建说。而他在总结其一生学术成就的《魏晋南北朝隋唐史三论》专著中,明确提出"魏晋封建说"。其中《绪论——汉代社会结构》及《综论》中,论述了两汉奴隶制社会形态向魏晋封建制社会形态的转变,对两汉奴隶制和魏晋封建制的经济基础中的阶级结构做了高水平的阐发。他指出,"两汉时期特别是西汉,是奴隶生产制最盛的时代,奴婢在全国总人口中的比例可能是中国历史上最高的,但如众所知,较之自耕农和自由佃家仍要多得多"。同时,他对两汉尤其是东汉封建剥削制度在生产关系中的萌芽状态,即在大官僚、大富豪土地上耕作的佃客、雇农、佣工、下户、徒附(即依附农)、贫农等做了极其精细的分析。在《综论》中又进而阐述魏晋封建制时期,这些主要被剥削者的发展变化及其在法权上终于得到西晋政权的有限承认。

朱大渭先生对古代分期深感兴趣,刚出大学校门进历史所便与学友共同撰写了一篇《秦汉时期租佃关系的发生与发展》,发表在《历史研究》1959年第12期上,此文为其早期作品,但在两汉租佃制中的佃农均为非依附性的自由民,两汉奴婢生产在农业生产中为我国历史上最多的时期,依附者佃客直到晋初才被国家法权有限承认,两汉社会问题在限田限奴婢、晋代则为占田限客等四个观点上与唐氏相合。

商鞅变法之后,我国历史上的租佃关系逐步发展起来。但是在汉以前没有见到具体的记载,可见当时还很不普遍。到了西汉初年,史籍仍然没有具体的记载。同时,文帝时政论家晁错曾详细地论述过所谓"五口百亩之家",但是他只是指出他们的前途是"卖田宅、鬻子孙",并未指出沦为佃家的出路,可见当时也还不很普遍。因此,在商鞅变法到汉初这个时期只是我国租佃关系的发生时期。西汉初年随着社会经济的发展,土地占有的两极分化,租佃关系也在这时得到进一步发展。汉武帝及其之后,租佃关系有一定程度的发展。所以不仅政治家越来越注意了租佃关系(如董仲舒、陈汤、王莽),而且在史籍中也看到不少大地主和佃户。武帝初:"宁成……乃贳贷买陂田千余顷,假贫民,役使数千家。"到了成帝时,这种租佃关系有了进一步的发展:"天下民不徙诸陵三十余岁矣,关东富人益众,多规良田,役使贫民。"但在这种租佃关系下,佃户的身份是"自由的",还是王朝法律下的自由农民,没有被固着在地主的土地上,对地主也还没有那种作为封建依附关系基础的"人身的不自由"。

在官家租佃关系中,佃户们同时是国家的自由农民这一点,从下列材料中更容易看出。地节三年(前67年)诏:"流民还归者,假公田,贷种食,且勿算事。"初元元年(前48年)诏:"江湖陂泽园池属少府者,以假贫民,勿租赋。"这从反面说明佃户们不仅要纳"租",同时还要向国家缴纳其他赋税(算赋)和服徭役(事),免赋税、免徭役只是个别和暂时的。佃户们除了负担国家的赋税、徭役外,同时也享有当兵的权利,董仲舒所说"正卒""屯戍",就是当兵。有的佃户甚至还可做官,上升为统治阶级:"(杨震)教授二十余年,州请召,数称病不就。少孤贫,独与母居,假地种植,以给供养,诸生尝有助种蓝者,震辄拔以距其后。"这虽然只是佃户中的极个别现象,但这无碍于说明佃户们的身份地位。

纳赋税、服徭役和当兵、仕进是国家法律上的自由农民(什伍编户)身份的具体体现。作为佃户,他们要受地主的地租剥削;作为国家的自由农民,他们又要受国家租赋役剥削,同时也还享有一定的政治权利。这种佃户,与魏晋南北朝时期免除了国家赋役、固着在地主土地上、缺少和自由农民平等的政治权利的"佃客""荫客"迥然不同。因此,我们称之为自由佃农。这种生产关系,称之为自由租佃关系。

正因为他们的身份是自由的,这就给予了他们脱离土地继续转化的可能。在秦汉时期低下的生产力条件下,沉重的地租和赋役的双重剥削,是佃户所不能长期负担的,除了沦为奴隶之外,佃户没有其他出路。因此,秦汉时期的自由佃农只是自由民沦为奴隶的过渡形态之一,只是奴隶制的补充。自由租佃关系在秦汉时期是一种不稳定的、不能独立发展的、没有发展前途的生产关系。它存在着自身的局限性。因此西汉后期的社会矛盾不是佃农与地主的矛盾,而是小土地自由民和大土地奴隶主之间的矛盾。自由农民为了维护其生存,不得不向迫使他们破产沦亡的大土地奴隶主展开斗争,这便是公元后一世纪百余年间的农民逃亡和农民起义。当时的政治家们为了缓和这一社会矛盾,不得不提出"限田,限奴婢"(师丹),或"名天下田曰王田,奴婢曰私属,皆不得买卖,过一井者分余田予九族、乡党"(王莽)等措施。奴婢问题和土地问题被政治家予以同等的重视,正说明这是当时社会矛盾的集中反映。

同时,这一社会矛盾的爆发,标志着秦汉时代的奴隶占有制已进入到它的另一阶段——奴隶制危机阶段。当奴隶制已经爆发危机的时候,脱离土地沦为奴隶已不再是自由佃农的发展前途,它便不能不发生变化而向封建依附佃农的方向发展了。而此时新的封建依附租佃关系的萌芽,又受到束缚不能迅速发展起来。这样,整个社会便陷入了"田野空、朝廷空、仓库空"的绝境。只有革命,才能打破这种绝境。黄巾大起义虽不曾推翻东汉王朝政权,但确使它名存实亡了。许多豪强大姓在农民革命的风暴里,得到很快的发展。他们的宗族、宾客、部曲、家兵迅速扩大,所谓"名豪大侠,富室强族,飘扬云合,万里相赴……山东大者连郡国,中者婴城邑,小者聚阡陌"。魏、蜀、吴三国政权便是依靠这些大封建主的力量建立起来的。新政权也不得不局部地承认这些豪强地主既得的政治和经济利益,以换取他们的支持。吴国的"复客"制,曹魏的"给公卿已下租牛客户",就是在这样的条件下产生的。

三国政权承认封建依附关系还是有条件的。客户既可以赏赐，也可以夺回。由于三国政权可以夺回客户，所以《三国志·吴志·周瑜传》有："后著令曰：故将军周瑜、程普，其有人客，皆不得问。"这是我国古代社会第一次有条件地承认封建依附关系的正式法令。曹魏是否有过类似的规定，不得而知。不过王恂曾说："魏氏赐公卿以下租牛客户数各有差，自后小人惮役，多乐为之。"可见至少曹魏政权在后期对封建依附关系，也是默认的。

三国时代客户对主人的依附关系是相当强的，客户所受的剥削很深。客户和主人具有世代的隶属关系，客的子孙仍为客，世代隶属主人。曹纯和陈表都承袭了父时的"人客"和"复客"。地主对客户的剥削程度从文献里看，虽不十分清楚，但从陈表把赐给的"复客"直接称之为"僮仆"看，对客户的剥削一定比汉代地主对自由佃农的剥削要沉重些。曹魏赐臣僚"租牛客户"，大概和屯田户相同，客户和主人或是中分，或是四六成分配。

西晋统一后，在法律上完全承认了封建依附租佃关系，这便是《晋书·食货志》里规定的官吏依品荫亲属和占有田客的制度。这是我国第一个封建法典，新的封建生产关系确立了。从此，我国古代社会便由奴隶制步入了封建制。

魏晋南北朝阶级结构试析

魏晋南北朝时期由于封建制的建立，士族制度的形成，高门士族特权阶层的出现，封建依附关系的发展，少数民族的内迁和建立政权，整个阶级结构发生了重大变化。其主要特点是阶级层次增多,统治阶级中形成了皇室外的贵族特权阶层,被统治阶级中的相当部分对统治者的依附性加强,身份地位下降,奴隶制度残余严重,从而使阶级关系复杂化。魏晋南北朝时期的阶级结构大体上可以分为二十五种类别、三个等级、六个阶级、两大阶级营垒。

二十五种类别是:皇室、高门士族地主、寒门庶民地主、寺院地主、富商巨贾、少数民族酋帅、编户个体农民、金户、银户、盐户、溺户、个体小手工业者、少数民族部落民、屯田户、佃客、部曲、军户、吏家、百工户、杂户、绫罗户、牧户、僧祇户、佛图户、奴婢等等。

从当时国家法权观念讲,以上二十五种类别可分为三个等级:第一,皇室和高门士族地主属于贵族等级;第二,寒门庶民地主、寺院地主、富商巨贾、少数民族酋帅、编户个体农民、金户、银户、盐户、溺户,属于良民等级;第三,其余各类均属贱口等级。少数民族酋帅和部落民情况比较特殊,经济政治地位变化不定,主要看其是否建立政权,以及与汉民族融合的程度而定。皇室在贵族等级中属于上层,他们享受的封建特权更优于高门士族。史籍中的"贵势之家""贵族""贵人""贵"等等,均主要指皇室和高门士族,有时又称"衣冠士民之族"。史籍中常见的"庶民""良民""百姓""白民",指各类庶民地主、编户个体农民、个体手工业者等良民等级。所以庶民百姓变为奴、客,称"良人(民)遭难为僮、客";放免奴婢为自由民,称"免奴为良人(民)"。

根据阶级的内涵,上述二十五种类别可以分为六个阶级:第一,高门士族地主阶级;第二,寒门庶民地主阶级(内含地方豪强、寺院地主、富商巨贾);第三,少数民族酋帅阶级;第四,编户个体农民和个体手工业者、金户、银户、盐户阶级;第五,屯田户、佃客、部曲、僧祇户、军户、吏家、百工户、杂户等阶级;第六,佛图户和奴婢阶级。少数民族部落民在民族融合中,不断地进入汉族被统治阶级行列,似难单独成为一个阶级。

从等级和阶级、阶层的关系来看,贵族等级有两个阶层,即皇室阶层和高门士族地主阶层,皇室在经济、政治地位上均优于士族地主。良民等级中有三个阶层,即寒门庶民地主阶层、少数民族酋帅阶层、编户个体农民和个体手工业者阶层。贱口等级中有两个阶层:佃客、部曲、僧祇户、军户、吏家、百工户、杂户、牧户阶层,佛图户和奴婢阶层。

魏晋南北朝时期的一个主要历史特点是士族制度的出现。士族制度形成的标志,表现在九品中正制完全变为士族地主爬上最高统治地位的工具,士族占田荫客荫族制和免除赋役在国家法权上的明确规定,以及士族地主完全控制着国家最高行政权力。从这三点看,士族门阀起源于东汉中期,中间经过一些曲折,士族制度至西晋初年最后形成。

士族地主高踞于封建统治阶级的最上层,他们垄断了中央和地方的清要之职,占有广大土地,有免除赋役、荫庇亲族、收揽门生故吏、享受赐田、给客、给吏卒、恩赏钱财等种种经济和政治特权。由于这些特权都是世袭的,因而高门士族便形成垄断着经济、政治、军事、文化的一个具有稳定性的被认为是最高贵的特殊阶级。不管是原来的地方豪强,或是新兴地主和富商,在没有取得士族地位以前,都被排斥在这个阶级之外,被认为是寒门庶民,不能同士族一样享受各种封建特权。

寒门庶民地主一般多为地方政权官吏的掾属,或不入流的佐吏,没有或很少能享受封建特权,特别是绝对没有免役权。同时寒门地主不像士族既有乡里清议的维护,又有法律上"八议"

的特权，所以高门"视寒素之子，轻若仆隶，易如草芥，曾不与之为伍"。不管寒门地主如何巨富，都被士族视为"非类"，常受其凌辱。地主官吏对不法寒门地主，任意加以鞭笞、诛杀。所有这些都是因为寒门地主是庶民，没有封建特权，在政治上处于不当权地位的缘故。

士族地主和庶民地主的区别界限，主要可以分为三条：第一，前者为上品、清官，后者为下品、浊官；第二，前者有荫客荫族和免除赋役的特权，后者极少有能享受封建特权的，特别是没有免役和荫族的特权；第三，前者掌握封建文化，多数家传经学名教玄学，只有南北朝后期一部分有武力的士族例外，庶民地主一般缺乏封建文化教养。士族地主非常重视婚、宦、望，因为这三者是士族保持其贵族地位的主要依据。

寒门庶民地主不管是地方豪强、寺院地主、富商巨贾，或者各种所谓"富民""土豪"之类，他们都占有数量不等的生产资料，其中主要是土地，以及拥有不等的被剥削者佃客、奴婢和荫户等。在生产分配中居于支配地位，在经济上主要靠剥削为主，所以他们聚集众多的财富。同时庶民地主还在一定程度上参与封建政权，所以属于统治阶级，而非被统治阶级。从国家法权上讲，士族和庶民地主的界限是极为严格的，所谓"士庶区别，国之章也""士庶之科，较然有辨""士庶天隔"。但实际上这种区别不是绝对的，个别庶民地主人物可以挤入士族行列。更重要的一点是，两者的阶级利益从压迫剥削农民、佃客和奴婢这方面来说，在根本上是一致的。当时所谓"士庶之隔"，既包括庶族地主同士族地主的阶层区分，又包括庶民同士族的阶级区分，因为当时史籍将庶族地主和农民及个体手工业者统称为庶民，从法权上看他们的地位是相同的。

而少数民族酋帅,两汉以来那些早已内迁的、汉化较深、大多离散的部落,同于汉人编户齐民,属郡县管辖。酋帅中有的下降为编户农民,有的同于汉族庶民地主。内迁时间较晚,或正在向内地迁徙的少数民族,大多开始步入奴隶社会,或逐步向封建社会过渡,大部分保留了部落组织,又采取汉族封建剥削形式,因而在统治阶级中出现了少数民族酋帅阶级。从经济上讲,少数民族酋帅多是大畜牧主、大奴隶主、大封建主,有的几种生产类型相兼,剥削大量的牧子、奴婢、部曲,其生产方式一般比较落后。他们在政治上为本民族的单于、侯王、君长、大人、酋长,居于统治地位,而且这种地位大多是世袭的。在经济政治上,他们在本民族内是统治者,但又受汉族中央和地方封建政权的民族歧视和压迫。当其经济政治势力强大时,常有向汉族地区"略财据土"的野心。汉族中央和局部统一政权统治时期,少数民族酋帅有的被羁縻,被授予官位和封爵。当他们与汉族融合加深,并加入汉族封建政权后,在经济上同于庶民地主,在政治上有的任地方官吏,但不能进入士族行列。

各少数民族部落民,虽然其身份地位较为复杂,且处在不断的分化中,但其主要部分通过不同渠道逐步加入汉族各个被统治阶级行列。三国魏、蜀政权各以乌桓、鲜卑、匈奴、丁零、屠各、羌、氐和巴、叟、青羌等为兵。此外,汉、魏以来内徙各少数民族,无论是征服或降服的部落民,其相当部分成为州、郡、县编户齐民或营户,同汉族农民和军户一样,为封建政权服役纳赋和征战戍守,有的成为豪强的佃客、奴婢。南朝政权建置左郡左县,将少数民族人民变为郡县编户时,适当照顾少数民族的生活习俗和聚居地域。各少数民族部落民在民族斗争和融合中,以各种方式或先或后地进入汉族被统治阶级中的个体编户农民、军户、牧户、田客、奴婢的行列。

编户个体农民是被压迫阶级中人数最多的一个阶级。我们认为均田制下的"授田"农民,基本上也属于这个阶级。其中大致有三个阶层:一种是自耕农,有比较充足的土地和生产工具,主要靠自己经营生产为生,生活略好些;一种是半自耕农,多少有点土地和生产工具,还要靠出卖一部分劳力为生,生活不如自耕农好;还有一种是贫农,几乎毫无土地和生产工具,全靠出卖劳力艰难度日,生活极端贫困。由于长期战乱,赋役繁重,而士族和大批荫客又被免除赋役,因而农民阶级受赋役的摧残,使第一、二类不断地向第三类转化,所以贫苦农民在这个阶级中占大多数。

郡县编户中,有一类称金户、银户、盐户、滂民。金户、银户、盐户专供淘金采砂炼银和生产食盐;滂民专供郡县杂役,以受政府剥削;盐户还"常供州郡为兵"。这些民户的身份地位,基本上同于个体农民。

封建国家政权的赋役、财源、兵源都主要靠农民。封建政权掌握编户农民的多寡,直接影响中央皇权的强弱。中央和地方封建政权经常清理民籍,以增加编户农民的数额。相反,各种封建势力却千方百计地把农民变为他们的各类依附民,因而农民同佃客、部曲、荫户、奴婢有密切的联系,前者可以说是后者的后备军。农民被迫逃亡后大多变为封建地主阶级的各类依附民和佃客或官私奴婢。相反,如果封建政权实行括户或免奴为民的政策,荫户、佃客、奴婢又可转变为编户农民。实际上,被压迫者的三个阶级,不像统治阶级中士族地主和庶民地主界限那样严格,可以相互转化。

佃客和奴婢是当时封建地主经济的主要劳动生产者。曹魏的屯田制(地租剥削)和后期的给客制,孙吴的屯田制和复客制,西晋的荫客制,东晋的给客制,寺院地主的僧祇户,刘宋给官员吏户(官员对吏户的剥削同于佃客),以及免奴为客,免奴为部曲客女等,都表明封建生产方式的主要剥削形态是佃客制。特别是西晋荫客制是在全国区域内实行的,说明佃客制生产带有普遍的性质。以后东晋南朝和北朝后期佃客制这根主线都是很清楚的。佃客制生产比较稳定,而且在不断扩大,如东晋南朝给客限额比西晋荫客数就大大增加了。

当时奴婢数量相当多,这同少数民族内迁和建立政权有关。由于民族斗争和融合的主要战场在北方,所以北方的奴隶制残余比南方严重。大量的奴婢用于农业和手工业生产。奴婢人身完全为主人所占有。他们是集体在主人土地上进行生产,即所谓"诸奴共耕",或"诸奴分务"。直至北周武帝时,发布了四次免奴令,将北魏分为东魏、西魏以来,原北朝辖境43年来良民被掠为奴婢的,全部予以放免,其释放奴婢地域界限之广、时间之长,都是空前的,具有划时代的解放大批社会生产力的重大意义。

部曲是士族豪强依附人口中一个成分复杂和变化不定的阶层,其主要部分属于私兵,主要职务为作战戍守,有的也参加劳动生产,或承担各种临时性的劳役,也还有少数为主人的爪牙。大概由于部曲作为私兵不受国家法权限制,逐渐被主人强制进行劳动生产。南北朝后期,部曲似与佃客逐渐合流。

屯田户,又称屯田客,曹魏和孙吴时期数量较多,以后两晋南北朝都继续存在,只是生产和分配形式有所变化,同时总数量有所减少。屯田户大致同私家佃客一样,只是军屯的既要种田,又要作战戍守,他们都被严密固定在国家土地上,不能随便转移。所纳地租形式,屯田户与国家政权各占的比例,有对半开,有四六开,有三七开,甚至还有二八开的。在一般情况下,屯田客持私牛耕公田者,田租"与官中分";持官牛耕公田者官得六分,田客得四分。国家政权可以将屯田客赐给贵族官僚,变为私家佃客。

三国魏、蜀、吴政权各有军户,军户数目相当多。曹丕有一次欲徙冀州军户10万户以实河南,因有人反对,后徙5万户。吴国时江东军户有23万户。刘宋时沈庆之伐蛮,前后共俘蛮人20余万,"并移京邑,以为营户"。北魏太平真君五年(444年)、延兴元年(471年)、延兴二年(472年),曾将被征服的北部民和敕勒大量地徙配到冀、定、相、青、徐、齐、兖各州为营户。营户是州镇军营所领之户,又称"营人""杂人",实际上也是军户,其中有的征战戍守,有的专服各类与军事有关的杂役。北魏六镇兵民多是军户,起义死亡流散之外,还有20余万。军户经济政治地位低于编户个体农民,贵族官僚可以分割军户成为私属。有的军户为政府耕种公田,缴纳地租。有的军户本人从军,家属种田,向封建国家交纳赋税。军户子弟世代为兵,兵民分离。兵士一般是终身服役,父兄死亡,子弟替代。两晋南朝兵户除为政府作战、戍守、种田外,还要服运输、修房、造船、酿酒、饲养马牛、种树等各种杂役。北魏兵士也要服筑堰、修道、伐木、造房等杂役。

吏家实际上是为封建政权州、郡、县及其官员服各种散役的一种民户。西晋时有人主张"省州郡县半吏以赴农功",刘毅为平阳功曹时一次就"沙汰郡吏百余人"。宋初裁减吏时还规定荆州军府置吏不得过10 000人;州府置吏不得过5000人。这只是一个州军府和州府吏的最低限额,可知东晋时吏的数额之多。吏家也是终身服役和世袭的,吏的家属要给政府纳税,吏本人要给官府服各种杂役。东晋政权"取文武吏"耕种州、郡、县"公田",征纳高额田租。沉重的剥削迫使吏家"或乃断截支体,产子不养,户口岁减,实此之由"。

百工户是一种有专门手工技巧的民户。孙吴时"科(交趾)郡上手工千余人送建业"。东晋封建统治者的残酷压榨,造成"百工医寺,死亡绝没,家户空尽,差代无所"。北魏天兴元年(398年),徙山东六州"百工伎巧十万余口,以充京师"。太平真君七年(466年)三月,"徙长安城工巧二千家于京师"。北齐天保时,"发丁匠三十余万营三台于邺下"。百工户本人大多在官府手工作场或某项营建工程长期服役,家属可以制造手工业品出卖,如有土地耕种,要向政府纳赋。其他如杂户、绫罗户、牧户等的身份地位,大致与军户吏家以及百工户相同。

上述中国封建初期极其复杂特殊的地主封建制阶级结构与西方领主封建阶级结构有着显著的区别,这是应当予以注意的。魏晋南北朝后期阶级结构发生变化,南方从孙恩、徐道覆起义开始,迄至侯景之乱;北朝从魏末各族人民起义开始,至北齐、北周建立,同时南北方民族融合接近完成,致使南北方高门士族趋向衰落,寒门庶民地主和少数民族酋帅阶级兴起,并逐渐在政治军事上占主导地位,从而使这个时期原来的阶级结构发生重大变化,即统治阶级营垒中高门士族逐步退出历史主要舞台,随之而来的被统治阶级营垒中军户、吏家、百工、杂户和奴婢两个阶级的大量放免,契约租佃关系逐步代替纯人身依附型的荫客制,由此演进为隋唐时期新的阶级结构的出现,中古历史进入了一个新时期。

魏晋南北朝南北户口消长揭秘

魏晋南北朝约四百年间,除西晋曾有过短暂(约37年)的统一外,长期处于分裂割据和南北对峙的局面。这个时期户口状况的特点,除私家占有大量各类荫户,国家领民与实际户口数相距甚远,以及封建政权与私家争夺劳动力最为激烈外,有一个奇特的现象,即北方虽战乱繁多,国家领民却显著增长;南方虽相对安定,国家领民却出现递减趋势。

（一）魏晋南北朝北方户口增长

魏晋南北朝北方户口增长表

曹魏、西晋、北魏相当于曹魏旧境户口增长表					
朝代和时间	疆 域	户 数	指 数	口 数	指 数
曹魏景元四年（263 年）	曹魏境	663 424	100	4 432 881	100
西晋太康时（280—289 年）	曹魏旧境	1 569 085	236.51	10 308 888	232.55
北魏熙平元年（516 年）	北魏境	4 919 680	741.56	32 327 726	729.27
西晋、前燕、北齐北方关东地区户口增长表					
朝代和时间	疆 域	户 数	指 数	口 数	指 数
西晋太康时（280—289 年）	相当于前燕境	1 123 817	100	7 383 477	100
前燕建熙十一年（370 年）	前燕境	2 458 969	218.80	9 987 935	135.27
北齐承光元年（577 年）	北齐境	3 302 528	293.86	20 006 886	270.92

西晋末年八王之乱和各族少数民族的反晋斗争,虽然也波及南方,但主战场在北方,以后形成南北对峙的形势,持续270余年。如果从对户口增减影响较大的战乱、灾荒、人民流徙、变为寺院僧侣和依附人口四者来看,北方都甚于南方。我们认为,西晋以后无论南北方,人口的自然增殖都应在增加。一般说来,

国家领民同人口的自然增殖率应成正比例,但在魏晋南北朝士族豪强大量挟藏荫户的特定历史条件下,国家领民是否随着人口自然增殖而增多,这要视封建政权的政治经济政策而定。十六国北朝各个政权以少数民族为中心,有一支善战的以骑兵为主的武装力量,有严密的部落组织作纽带,加之各少数民族的传统文化的影响,冲破了汉族封建政权的传统政治,中央集权大大加强,对魏晋以来优容士族豪强的政策有较大改变,如对士族荫亲属荫客的特权不仅没有真正实行,而且严厉打击士族豪强私自分割民户,不断进行大规模的括户斗争,并采取了各种招徕流民、减轻剥削和发展生产的政治经济措施。加之中央政权贯彻各项政令比较有力,所以收到了良好的效果。

十六国时期虽然战乱迭起,但各少数民族统治者除在战争中敌对双方互相残杀外,一般都非常注意对人口的控制以及发展农业生产。如前燕慕容皝时,"皝刑政修明,虚怀引纳,流亡士庶多襁负归之。皝乃立郡以统流人"。慕容皝九年(342年),记室参军封裕说:"先王(皝)……德以怀远,故九州之人,塞表殊类,襁负万里,若赤子之归慈父,流人之多旧土十倍有余。"他建议:"宜省罢诸苑,以业流人。人至而无资产者,赐之以牧牛。"慕容皝采纳后下令:"苑囿悉可罢之,以给百姓无田业者。贫者全无资产,不能自存,各赐牧牛一头。若私有余力,乐取官牛垦官田者,其依魏晋旧法。"即以官牛耕官田者,官得六成,百姓得四成。在战乱时期,这种使土地与劳动力结合的政策,无疑对发展生产和人口增加都有积极作用。

前燕征伐四方时,前后俘掠男女30余万人。早在光寿二年(358年),前燕欲扩大兵源,曾下令"州郡校阅见丁,精覆隐漏"。这次是为征兵而清查隐户漏丁。前燕所占领的关东地区,是当时北方富饶之地,社会经济发达,大姓豪强势力强大,史称"国之户口,少于私家"。建熙九年(368年),左仆射悦绾上疏说,"太宰政尚宽和,百姓多有隐附","今诸军营户,三分共贯,风教陵弊,威纲不举,宜悉罢军封,以实天府之饶,肃明法令,以清四海"。被燕主慕容暐采纳。悦绾"既定制,朝野震惊,出户二十余万"。以每户五口计,相当于一百余万人。前燕这次清查隐户,在宗室贵族的反对下,悦绾被害,清查很不彻底,但清出的隐户仍约占前燕全境户数的十分之一。

北魏统一北方后,国势强盛,王权进一步加强,同士族豪强争夺荫庇人户的斗争更为激烈。孝文帝延兴三年(473年)九月,魏廷下诏,派遣使者十人循行州郡,检括户口。其中韩均奉诏检括定、冀、青、相、东青等五州户籍不实者,清查出十余万户。太和九年(485年),魏廷颁布均田令后,翌年二月又废除原来"民多隐冒,五十、三十家为一户"的宗主督护制,实行三长制。三长制建立后,首先"定民户籍",清查隐户漏丁,为实行均田制创造必要的条件。同年十一月,魏廷又规定州郡县长官"依户给俸"。立三长和均田,减轻租调,以及地方官员以民户多少定官俸厚薄等相结合,使原先的各类包荫之户,大批地变为国家领民。北魏均田后约三十余年,户口剧增,总户口数比西晋全国统一后的户口数高出约一倍,即有户近500万,有口3232万余。这个户口数同南朝刘宋大明八年(464年)户94万余,口546万余相比,户多406万余,口多2686.7万余。也就是说,当时北方国家领民户数为南方国家领民户数的5倍多,口数为南方口数的4.7倍多,这显然是黄河流域农业经济繁荣局面的一个重要标志。

东魏高欢执政后,整顿朝政,针对当时的隐户问题,又不断地进行括户。东魏兴和(539—542年)初年,以高子孺"为梁州、北豫、西兖三州检户使，所获甚多"。武定时全国共有户2 007 966，括出的户数约占全国总户数的29.88%，括户的成绩是可观的。

北齐河清三年(564年)，在全境颁布了乡里组织、均田和赋役制度。改北魏三长制为10家为比邻，立一邻长；50家为闾，立一闾正；100家为族党，立正副族党各一人。在实行均田制时规定的新租调制，清除了原来的各种苛捐杂税。乡里组织的重新编制，表明在实施均田时对户口实行彻底清查，加上赋税和徭役有所减轻，使大量荫户重属国家领民。北齐亡时(577年)的户口数，比东魏武定(543—550年)时的户口数，户增加64.47%，口增加约108.36%。河清三年(564年)实行均田时的清查隐户，其成效是十分显著的。

在上述各种清查隐户的措施中，仅历次括户有具体户口数记载的一项，共得户1 601 648，得口7 550 884，比刘宋大明时南方全境户数多77.61%，口数多45.94%。如果加上有些括户"所获甚多"的户口数以及其他各类政策，特别是均田制所招徕的流民和隐户，其总数无疑将会多得多。这就充分表明，西晋太康、前燕、北魏熙平以及北齐时户口的增加，乃是同封建政权所实行的减轻赋役、发展农业生产、括户斗争和实行均田制等政治经济政策分不开的。特别是北魏熙平时和北齐两次户口增长幅度较大，恰好是在括户斗争成绩突出以及实行均田制以后，这显然不是一种偶然的巧合。

(二) 魏晋南北朝南方户口减少

东晋政权是南北大士族联合建立的，是西晋政权的继续，它表现了典型的门阀统治。王、谢、庚、桓几家大士族轮流执政，皇权极度衰落。像王敦、苏峻、桓玄等士族地方割据势力，都曾起兵问鼎;王敦、苏峻曾攻破京都建康;桓玄不仅占领京都,还一度废晋自立。南朝以后这种局面虽有所改变,军功寒人不断兴起,并加入最高统治层,但齐、梁两代均为第一流高门萧氏所建,所以直到梁末,门阀政治的基本格局仍被沿袭下来。

魏晋南北朝南方户口减少趋势表

吴蜀和西晋、刘宋相当于吴蜀旧境户口减少趋势表					
朝代和时间	疆 域	户 数	指 数	口 数	指 数
吴国亡时 (280年)	吴蜀境	803 500	100	3 240 000	100
西晋太康时 (280—289年)	吴蜀旧境	925 040	115.12	6 077 512	187.57
刘宋大明八年 (464年)	吴蜀旧境	614 889	76.77	3 132 917	96.69
吴国和西晋、刘宋吴国旧境及陈亡时户口减少趋势表					
朝代和时间	疆 域	户 数	指 数	口 数	指 数
吴国亡时 (280年)	吴国境	530 000	100	2 300 000	100
西晋太康时 (280—289年)	吴国旧境	597 690	112.77	2 689 605	116.94
刘宋大明八年 (464年)	吴国旧境	530 000	100	2 634 800	114.56
陈亡时 (589年)	陈境	500 000	94.34	2 000 000	86.95
蜀国和西晋、刘宋蜀国旧境户口减少趋势表					
朝代和时间	疆 域	户 数	指 数	口 数	指 数
蜀国亡时 (263年)	蜀境	280 000	100	940 000	100
西晋太康时 (280—289年)	蜀旧境	318 500	113.75	2 127 580	226.34
刘宋大明八年 (464年)	蜀旧境	82 369	29.42	414 116	44.69

当时的各代执政者，基本上都奉行对士族"每从宽惠""弘以大纲"的政治经济政策，尽量满足其争夺土地和劳动力的欲望。西晋规定的高门士族按品级高低荫庇亲属，"多者及九族，少者三世"的制度，仍被沿袭下来。为了维护士族豪强的既得利益，东晋南朝政权重新颁布了西晋规定的士族官僚荫户制，不仅荫户的数量增多，而且有所谓"左右、佃客、典计、衣食客之类"，名目繁多，"皆通在佃客数中"。佃客等皆注在主人户籍上，不向国家纳赋服役。刘宋大明年间（457—464年），为了满足士族豪强占领山泽的贪欲，规定了官僚依品级占有山林川泽，品级高的多占，没有品级的一般地主也可以占山泽100亩。刘宋孝建三年（456年），孝武帝曾下诏："内外官有田在近道，听所遣给吏僮附业。"大明三年（459年），江夏王刘义恭"更增吏僮千七百人"。这是国家给官僚增加吏僮，耕种其土地，供其剥削。刘宋王朝关于占山泽和给吏僮的规定，实际上是西晋占田荫客制度的发展。这些措施更加助长了士族豪强争夺土地和劳动力的势头。而且他们凭借法定的荫亲属荫客的特权，便可以上下其手，扩大各类荫庇人户的数额。

东晋南朝士族豪强占有的各类荫户和僮仆，其人数之多，兹略举数例，以窥其一斑。东晋时长沙士族王机有"奴、客、门生千余人"。陶侃有家僮仆千余人，其子陶称有部曲五千余人。谢安之孙谢混"有僮仆千人"。东晋末刁逵兄弟子侄有田万顷，奴、客数千人。如果按当时每丁一般能耕种土地一顷（100亩）计，刁逵家应有奴客万余人。刘宋元嘉盛世时，宗室彭城王刘义康"私置僮部六千余人"。大明三年（459年），宋廷给宗室刘义恭新增加的吏僮，加上供其役使的营户共有2900人，其全部依附人口当然绝不止此数。这些事例显示出，东晋南朝士族豪强占有荫户的数额,是极其庞大的。

东晋南朝是门阀政治,清查荫户实际上就是向他们开刀,所以当时所实行的政治经济政策,基本上在于维护士族豪强扩大荫户的权益,而不可能像北朝那样采取与私家争夺民户的有力措施。对于个别官员主张减轻赋役,发展生产,奖励生育,清查荫户的主张,当权者根本置若罔闻,不予采纳。东晋南朝政权不断更替,政治极为腐败,加之高门士族及其荫户都被免去赋役,沉重的赋役和苛捐杂税迫使农民阶层不断地破产逃亡,投靠士族豪强,这些就是东晋南朝私家荫户增多而国家领民相应递减的真正原因。

我们不妨对南北朝极盛时期的总人口数,做一个大略的估计。北魏实行均田制以后,社会经济大发展,熙平时国家领民为 32 327 726 人。南朝刘宋大明时国家领民为 5 401 651 人。关于人口的自然增殖,东晋南朝不应低于十六国北朝。由于东晋南朝门阀势力强大,士族豪强肆无忌惮地侵夺国家领民,因而从东晋后期开始,国家领民减少之快以及南方荫户数字之巨大,在历史上都是少有的。那么,按推算和估计,东晋南朝士族豪强侵夺国家领民数应有多少呢?南北朝全国人口数又应有多少呢?如果依据刘宋泰始三年(467年)青、冀、徐、兖四州以及豫西之地入魏,当北魏实行三长制、均田和新租调制以后,大批荫户归属郡县,因而以上诸州所属各郡绝大多数户口均增加,其中宋、魏县数相同的六郡,人口可以做准确的比较。这六郡中颍川郡口数增加最多,为 700%,其次北济阴郡口数增加 477%,鲁郡、东阳平、济南三郡口数增加 60% 到 80%,渤海郡口数增加最少,为 12%。这六郡同宋魏口数相比,北魏平均增加约 2.32 倍。实际上六郡的荫户不可能完全清出,也就是说,刘宋时颍川等六郡的私家荫庇人口，最少应为这六郡所领人口的2.32倍以上。前述长江上游益州地区的一部分，在北魏曾一度占领时期，其户数曾增长2倍，巴西郡户数增长5倍。再据东汉建康元年(144年)相当于曹魏境人口为31 803 445，略低于北魏熙平人口数32 327 726，而当时北方人口为南方人口的197.67%计算，那么南方国家领民应为16 327 134，即比刘宋大明时国家领民增加2.16倍，同前面颍川等六郡入魏后人口增加数2.32倍，正大约相近。据此，南北朝极盛期国家领民加上一部分南方荫户，其人口最高总数，为北魏熙平总口数加上大明总口数的3.16倍，共计48 654 860，略低于东汉永寿最高人口数(50 066 856人)，超过隋代大业五年(609年)全国人口数(46 019 956人)。根据以上的论断，我们对南北朝极盛时期南北政权领民和一部分南方荫户的总人口数，可以估计为4865万左右。这是当时南北方社会经济向前发展，江南和边远地区得到开发，重要经济区域发生变动的基本条件。

北魏的国营畜牧业经济

北魏政权对我国古代历史的发展，曾经产生过积极而深远的影响。这个政权十分重视社会经济的发展，农业和畜牧业都采取了一系列有效的措施。如在畜牧业生产上，建立四个国家牧场便是显著的事例之一。

北魏是鲜卑拓跋部建立的。拓跋部兴起于大兴安岭嘎仙洞一带，后迁至阴山地区，从事游牧经济。始祖力微时，控弦上马20余万。昭皇帝禄官时，控弦骑士40余万。平文帝郁律时，控弦上马将有百万。这些骑兵数或许有所夸大，但它至少反映了一个事实，即拓跋族拥有强大的骑兵部队。以后拓跋部不断地进行征发,扩大统治范围,控制漠南云中、五原、朔方、平城、代郡、上谷等大片土地,仍然经营畜牧业生产。昭帝什翼犍三十六年(373年)五月,派燕凤出使前秦,苻坚问:"彼国人马,实为多少?"凤曰:"控弦之士数十万,马百万匹。"坚曰:"卿言人众可尔,说马太多,是虚辞耳。"凤曰:"云中川自东山至西河二百里,北山至南山百有余里,每岁孟秋,马常大集,略为满川。以此推之,使人之言,犹当未尽。"根据燕凤的概述,北魏建国前的畜牧业经济是相当发达的。究其原因,一是拓跋部本身从事畜牧业生产;二是不断地征服游牧少数民族,得到大批的劳动力和牲畜;三是所占广大地区多有水草丰美之地,适宜于畜牧业生产。

北魏从登国元年(386年)至灭夏(431年)的45年内,在征服少数民族较大的23次战争中,俘掠大量少数民族生口,以及马牛羊驼驴等共计21 986 000余头。这不仅为北魏政权提供了畜牧业生产的劳力和牲畜,也提供了进行统一战争所需的骑兵戎马、军用物资和战时生活用品,即史书上常讲的"以充军实""足以富国""渐增国用"。拓跋族在进行统一战争之前,在一定时期内虽有中心活动区,但仍离不开随逐水草、居徙无常的习俗。在他们没有南下进行统一战争之前,拓跋族本部和统率的其他部落民,战时是军士,平时是畜牧业生产者,其自身的畜牧业经济,特别是征伐所俘人畜,足以支持战争和人民生活的急需。所以在登国(386—395年)以前,如昭成帝虽曾征伐匈奴和敕勒,获生口和马牛羊数十万,或数百万,但并没有建立国家牧场,因为当时拓跋部统治区的经济和军事形势,都没有这个必要。

从道武帝拓跋珪时代开始,政治经济形势发生重大变化,这时不但一般地征伐四方,不断扩大领土,而且向南进军,首先军粮供给问题日趋严重。拓跋珪深知"方事虽殷,然经略之先,以食为本"。他于登国元年(386年)二月,下令"息众课农",开始接受汉族的农耕经济。登国九年(394年),道武帝派东平公拓跋仪在五原至谷梱杨塞外屯田,开辟荒地,"分农稼,深得人心",解决部分军粮。皇始元年(396年),道武帝亲率骑兵40余万反击后燕。七月,平并州后,初建台省,置百官封拜公侯、将军、刺史、太守等。道武帝进军河北地区之后,因军粮缺乏,皇始二年(397年),开始在河北地区征收汉人的租税,以供给军粮。同年正月,攻下信都。十月,平中山。天兴元年(398年)正月,克邺城,"帝将有定都之意,乃置行台"。同时徙山东六州民吏及杂夷36万,百工伎巧10万余口至代郡地区,从事农业生产和手工业生产。这是北魏统治者在统一中原的进程中,在京城附近所建立的第一个农业生产基地。

北魏天兴元年(398年),中央政权已初具规模,北方已征服大部分少数民族,南方已统辖太行山以东的河北广大地区。北魏已面临统一中原的大好形势,拓跋本部族以及被征服的一部分其他少数民族人民,已不能进行畜牧业生产,而成为从事战争的强大军事力量的核心部分。同时,频繁而长期统一北方的战争,需要大量粮食、战马、肉类、毡皮,以及其他军资等供给,必须在北魏大后方建立农业和畜牧业生产基地。当天兴元年(398年)春在代郡建立36万人的农业基地后,紧接着,天兴二年(399年)二月,道武帝大破敕勒后,便在平城畿内地区建立第一个国家牧场。所谓国家牧场是指:畿内牧场是国有土地,牧畜是通过战争掠夺来的战利品,牧民是被征服的敕勒民,牧场的生产由国家政权派人管理,其产品除维持牧民最低生活外,由北魏中央政权统一分配。至明元帝永兴五年(413年),奚斤大破敕勒越勒倍泥部落后,获马5万匹,牛20万头。再次徙两万余户降服新民于大宁川,由国家给予耕牛农具,计口受田。这是北魏在统一战争中开辟的第二个农业生产基地。明元帝神瑞二年(415年)劝课农桑,教行农牧,"自是民皆力勤,故岁数丰穰,畜牧滋息"。显然,拓跋部最高统治集团在统一中原的过程中,既抓紧农业,又重视畜牧业生产,实际上是粮食和战马并重,建立稳定的农业和畜牧业生产基地,以供给数十万大军长期征战的粮食和战马所需。

北魏统治者进入黄河流域地区后,战争规模增大,战事过程延长,中央和地方官僚系统和庞大军队的粮食供给,可以征收汉族地区的租税来补充,而数十万大军的戎马牛驴运输力等,仅靠平城畿内牧场,实在供应不足。所以,永兴五年(413年)魏廷下诏诸州,60户出戎马一匹。泰常六年(421年)二月,调民20户输戎马一匹,大牛一头。三月,下令六部民羊满百口者,输戎马一匹。始光二年(425年)五月,下诏天下10家发大牛一头,运粟塞上。太武帝为了彻底解决统一中原和北御柔然的军备急需,于神䴥二年(429年)征伐柔然和敕勒后,便在漠南建立第二个畜牧业基地。漠南畜牧业基地的建立,使北魏国家畜牧业生产进入了一个新时期,以后在相当长的时期内,似乎再未发现向民间征发马牛驴等战备牲畜。漠南牧场虽然在北魏统一战争中起了重要作用,但由于它地处北魏与柔然兵争之地,建立四年后便逐渐趋向瓦解。

北魏统一全国后,在河套以西的凉州地区建立了最大的河西牧场。孝文帝迁都洛阳后,由于平城畿内牧场和河西牧场均离京城较远,京都官民和军队一百余万人所需的大量牲畜业生产品的供给,特别是京都警戎马的供给,专靠长途运输极为不便,于是孝文帝决定将平城畿内牧场的牲畜,大部分向南转移,建立了河阳牧场。

北魏前期,以代郡畿内牧场、漠南牧场和河西牧场相配合,后期以河西牧场和河阳牧场相配合,前后四大畜牧业生产基地供给北魏政府中央和地方各级官僚,以及庞大的中央和地方军队对战马和畜牧业生产品的需要。北魏政治军事形势的发展,促使国家牧场的建立,国家牧场建立后又为北魏统一中原以及国势的强盛,提供了戎马和其他军资等物质条件。因此,北魏政权对国家牧场的建立和重视,乃是拓跋部最高统治者对政治军事依赖于畜牧业经济的深刻认识后采取的一项具有政治远见的经济决策。

北魏四大国家牧场,都是在国有土地上建立的,而且全是靠俘掠柔然、敕勒、匈奴、卢水胡等少数民族及其牲畜建立起来的,除漠南牧场外,其生产和分配都是由北魏中央政权派管理官员主持的。代郡、河西、河阳三大牧场中的少数民族人民长期从事畜牧生产,善于管理和饲养牲畜,所以他们在牧场内饲养的马牛羊驼等,繁殖力强,数量是十分惊人的。北魏国家牧场的劳力、牲畜和土地,都是靠武力俘掠得来的,利用征服的少数民族人民及其牲畜,在国有土地上进行畜牧业生产。少数民族人民变为牧民或牧子,子孙世代相袭,在牧官的严格监督下,成年累月地从事艰苦的畜牧业集体生产,其劳动所得除维持其最低生活外,全部被北魏政权所榨取。他们一旦反抗或逃亡,便会遭到统治者的杀害,其身份地位很低,属于半牧奴的贱口等级。牧民必须经过北魏朝廷的放免,才能变为郡县个体民户。

北魏除上述四大牧场外,还有不少小规模的牧场。从北魏末年牧子起义地区和其他有关资料来看,像恒州、燕州、朔州、并州、肆州、汾州、夏州、高平镇、司州河东郡等地,都建立有小型牧场,所以在魏末各族人民起义的影响下,这些地区的牧民牧子也乘机起来反抗压迫和剥削。正由于大小牧场较多,所以北魏末年的牧民牧子起义成为整个起义中的一支重要力量,最后促使北魏政权不得不免去其牧民牧子身份,成为郡县个体编户民。在河北起义极盛时期,魏廷京都受到威胁时,孝庄帝曾派直寝纪业持节募"新免牧民"为军,妄图扩大政府军的势力,以镇压河北各族人民起义。

北魏的国家牧场在我国畜牧史上具有突出地位。如河西牧场兴旺时期,竟有马200万匹,骆驼100万头,牛羊则不计其数。况且,前期还有漠南和畿内两大牧场,后期有河阳牧场,再加上其他小牧场,其牲畜总数是十分可观的。北魏畜牧业生产的繁荣,汉、唐也不能与之相比。《艺文类聚》卷四九《太仆》条引《汉旧仪》:"太仆帅诸苑三十六所,分布北边,以郎为苑监,宫奴婢三万人,分养马三十万头,择取给六厩牛羊无数,以给牺牲。"唐代马政最为著名,天宝十三年(754年)六月一日,陇右郡都牧使上奏:牲畜总数为605 603,其中马325 742匹,牛75 115头,驼563头,羊204 134只,骡1头。又开元中尚存马27万,加上牛羊杂畜,不下百万。唐代天宝时牲畜总数约为北魏河西牧场马驼总数的五分之一,开元时牲畜总数约为北魏河西牧场马驼总数的三分之一,可见北魏畜牧业生产规模之大,连盛唐的国家牧场也是望尘莫及的。

北魏畜牧业生产的繁荣,对实现统一北方和国势强盛关系极大。如战争戎马、驼牛运输、弓弦战具、毡皮等军用物资,皇室官僚和人民生活的食用肉品、奶酪、穿用的毛皮等,都离不开畜牧业生产。特别是战马和耕牛,对于军事和农业生产都至关紧要,畜牧业马政直接关系到一个王朝的军备强弱,以及国势盛衰。北魏明元帝神瑞二年(415年),平城民饥,议欲迁都。崔浩反对说:"今居北方,假令山东有变,轻骑南出,耀威桑梓之中,谁知多少?百姓见之,望尘震服。此是国家威制诸夏之长策也。至春草生,奶酪将出,兼有菜果,足接来秋,若得中熟,事则济矣。"此策被明元帝采纳。崔浩的话,深刻反映了北魏的畜牧业,无论在军事上或人民生活上,都是不可忽视的。孝文帝曾召群臣议迁都时,燕州刺史穆罴曾说:"今四方未定,未宜迁都,且征伐无马,将何以克?"孝文帝回答说:"厩牧在代,何患无马。"穆罴所言,表明戎马在战争取胜中的重要性。孝文帝所说,反映了代郡牧场的重要地位。北魏皇始二年(397年),常山王遵从事中郎张济同东晋雍州刺史杨佺期有一段对话,佺期问:"魏被甲戎马,可有几匹?"济答曰:"中军精骑十余万,外军无数。"这段关于北魏军事力量的对话,其着眼点在于马,同样反映了以马装备的骑兵的重要性。所谓"中军"指中央皇帝直接统率的骑兵,外军指中央军驻守在外地重镇由地方都督将领统率的骑兵。北魏政权从皇始元年(396年)进行统一战争,至太延五年(439年)统一北方,共计四十余年。北边征伐柔然和南边统一战争的胜利,主要靠有一支强大的骑兵部队。北魏在抗击柔然时,常有三十余万骑兵部队。皇始元年(396年),道武帝统率中外骑兵四十余万伐南燕,以后领土扩展,驻守军队也逐渐增加。至太武帝统一北方后,太平真君十一年(450年)南征刘宋时,步骑众号百万。魏军横扫青、冀、兖、豫、徐、南兖六州之地,直趋长江北岸瓜步,准备渡江进攻建康。刘宋京师大震,内外戒严,遣将调兵防守。次年(451年)正月,魏军撤退。这次由刘宋北伐所引起的魏、宋战争,使刘宋受到严重损失,以致国势从此衰弱。

北魏皇兴元年(467年),尉元、慕容白曜等率魏军"一旬之内,频拔四城,威镇齐土"。刘宋、南齐重要经济区徐、兖、青、冀四州和豫州、淮西之地均为魏占领,从此南北以淮水为界,北魏国势更加强盛。北魏统治区不断向南扩展,它所统治的汉族区域愈大,民族融合的进程也必然加快,远在恒山之北的京都平城,显然不能适应政治军事形势和民族融合的需要,这才有太和十八年(494年)的迁都洛阳,从而出现了一系列改革措施。

孝文帝太和二十一年(497年),率三十六军南伐,又是步骑"众号百万,吹唇沸地"。从萧齐雍州北部南下,深入齐境,攻陷新野、南阳二郡。魏军正准备乘胜南下,恰逢魏北部敕勒"反叛",以及洛阳留守李冲与李彪发生冲突,魏主才决定退军。

北魏统一北方的战争中,进军中原,占领关内,平统万,定秦陇,全靠骑兵取胜,史实昭然。在统一之后的南北战争中,虽然有了步兵,但仍以骑兵为主攻部队。当元嘉二十七年(450年),宋文帝决定北伐时,魏主拓跋焘与文帝书说:"彼年已五十,未尝出户,虽自力而来,如三岁婴儿,复何知我鲜卑常马背上生活。"魏主以"生长马上"自赏,实际上是为骑兵战斗力强而骄傲。拓跋焘在进攻彭城时,使尚书李孝伯与刘宋徐州刺史刘骏、长史张畅遥相对话时说:"城守君之所习,野战我之所长,我之恃马,犹如君主恃城耳。"李孝伯指出的北方骑兵长于野战,南方步兵善于守城,以及北人"恃马"、南人"恃城"的战争特点,即表明骑兵在野战中的重要作用,它是攻击型的武装力量;同时也说明骑兵部队在战争中处于主动地位,相反,以步兵对骑兵部队,在战争中则常处于被动守势地位。骑兵在古代兵种中战斗力最强,出击迅猛异常,气势难当,所谓"以骑蹙步,未战先死",步兵很难抗击骑兵的进攻。在长期南北战争中,北魏历次用强大的骑兵进攻,使南朝军队多处于战败地位。北魏大规模的国家牧场,正是经常保持数十万强大骑兵,以及运输粮食和军用物资的物质基础。可见北魏国家牧场对于统一北方,以及后来的国势昌盛,无疑起了极端重要的作用。

政治

魏晋南北朝政界名人成才年龄结构

魏晋南北朝长期分裂割据,战乱纷繁,各种政治势力和集团进行着激烈的斗争。这种政治形势促使这个时期政治军事人才成批地涌现出来,以适应时代的要求。当时既是政治风云变化莫测的时代,也是政界人才辈出的时代。我们主要依据这些政界名人在建立封建政权、经济政策、法制实施、社会进步、人民生活状况,以及包括少数重要战争等政绩中所发挥的作用为标准,从当时生卒年可考而又有一定政绩的政界人物中筛选出83位。其中曹魏8人,蜀汉4人,孙吴4人,西晋12人,东晋16人,刘宋6人,萧齐2人,梁4人,陈1人,十六国6人,北魏11人,北齐4人,北周5人,来对当时政界名人成才年龄结构进行分析。这些人中有个别人虽在所属朝代建立前死去,但他们毕生为之奋斗,所以将其归入那个朝代。这些人中有政治家、军事家、政论家、法律学家,以及重要经济、政治、文化等政策的决策者或执行者。他们中多数虽不能戴上什么家的头衔,但每个人都在不同的情况下有着显著的政绩,在当时政界具有一定的代表性。这些人成才的过程,可以分为成长、成熟、建立主要功业和老化四个发展时期。同四个发展时期紧密相关的是每一个人的入仕年龄,担任要职或参与重大决策的年龄,建立主要功业的年龄,以及仕途终岁等四个年龄期,这就是年龄结构考察的主要内容。

83位政界名人的入仕年龄,统计的结果是:15岁至20岁的25人;21岁至25岁的25人;26岁至30岁的13人;31岁至35岁的12人;36岁以上的8人。其中15岁至25岁两个年龄段入仕的共50人,约占全部人数的60%,平均入仕年龄为20.7岁。加上26岁至30岁入仕的13人,共计63人,约占全部人数的76%,平均入仕年龄约为22岁。再加上31岁至35岁的12人,共计75人,约占全部人数的90.4%,平均入仕年龄为24岁。全部政界名人的平均入仕年龄为25.5岁。

在入仕年龄较轻的15岁至20岁的25人中,有11人是君主(君主即位前未仕者,其入仕年龄以即皇帝位计),1位皇后,曹操、宇文泰为曹魏和北周的创建者,高澄为北齐创建者之一,元澄是北魏宗室。其余9人皆出身士族或士族前身。全部政界名人中大约有70人出身皇室、士族或士族前身,占全部人数的84%,这显示出魏晋以降士族制度形成后士族控制最高政权的历史特点。君主和宗室成员最有资格早入仕,他们常常年纪很轻便被封以官爵,派人辅佐。士族的入仕年龄,魏晋似无明确限制。南朝刘宋元嘉中"限年三十而仕郡县",这对高门士族可能并不起作用。北朝士族子弟入仕年龄不仅要比南朝为轻,而且有12、13、14岁的少年入仕的。士族子弟很小便接受教育,他们有文化,又有父兄提携、中正荐举,入仕较早是必然的。

在入仕较晚的30岁以上的20人中,有各种情况,其中一部分士族子弟,自诩清高,或等待机缘,州郡甚至朝廷征召,或政界名人荐举,均不任职。如羊祜"郡举上计吏,再举孝廉、太尉辟,皆不就"。孔愉"年已五十","始出应召"。另一类以王猛、张充、苏绰为代表,他们要等待有为君主,方肯入仕。而像邓艾、刘裕等人,因家境穷困,早年无缘入仕。这三类人的入仕年龄都较大。

政界名人担任要职,根据当时官制,地方应以五品即太守、内史和国相以上官员,中央应以三品(偶有四品)即三省长官、各曹尚书和列卿等官员,因其为掌握内外行政实权的官职。有少数人虽未任以上官职,但参与重大决策,也表明本人在政治上比较成熟。在这个年龄期,18岁至20岁的6人,21岁至25岁的5人,26岁至30岁的16人,31岁至35岁的14人,36岁至40岁的17人,41岁至45岁的16人,46岁至50岁的5人,51岁以上的4人。其中18岁至35岁的共41人,约占全部人数的50%,平均年龄约为28岁。18岁至40岁的58人,约占全部人数的70%,平均年龄为31.6岁。18岁至45岁的74人,约占全部人数的90%,平均年龄约为33.6岁。全部政界名人任要职的平均年龄为35.5岁。从以上统计数看,担任要职的四个年龄段,平均年龄在28岁至35岁之间,当时著名的政治家大都在上述年龄便身居要任,独当一面地进行政治领导工作。如曹操30岁为济南相,治理十余县,"政教大行,一郡清平"。诸葛亮27岁向刘备献《隆中对策》,预定天下三分。孙权19岁掌江东诸郡事。刘义隆19岁即皇帝位,21岁诛权臣徐羡之等后亲自掌政。苻坚20岁即皇帝位,积极准备实现统一北方的宏愿。王猛35岁为前秦咸阳内史、京兆尹,政绩卓著。元宏19岁参与颁行均田制,23岁颁布《新律令》。元澄20岁为北魏中书令秉政。高澄18岁为东魏吏部尚书,革除讲资历的选举制。宇文泰28岁为关西大行台贺拔岳左丞,参与重大决策。宇文邕18岁即皇帝位,23岁便开始先后五次放免奴婢为平民,大力解放社会生产力。这些很年轻便负责重要政务并在政绩上有所建树的人物，他们的成长过程有两个共同点，即大体上都是在两种情况下出现的：一方面，有的本人就是最高新兴集团的代表人物，或者由于这个集团为改革时政，实现全国统一或一个地区的统一，非常重视发现和使用人才；另一方面，这些政界名人大都在青年时代便具有强烈的"济世"的政治抱负，积极创造各种条件以适应历史发展形势的要求，这两者的结合，便促使他们迅速地成长起来。

政界名人建立主要功业，是指他们在一生的政治活动中所建立的最重要的政绩，如果一人一生中有几项重大政绩者，以建立第一次政绩的年龄计。政界名人建立主要功业的年龄期，19岁至30岁的11人，31岁至35岁的5人，36岁至40岁的12人，41岁至45岁的17人，46岁至50岁的17人，51岁至55岁的12人，56岁以上的9人。其中19岁至40岁的共28人，约占全部人数的33.7%，平均年龄约为32.1岁；19岁至45岁这两个年龄段的共45人，约占全部人数的54.2%，平均年龄为36.2岁；19岁至50岁这三个年龄段的共62人，约占全部人数的74.7%，平均年龄约为39.5岁；19岁至55岁这四个年龄段的共74人，占全部人数的90%，平均年龄为41.7岁；全部政界名人建立主要功业的平均年龄为43.8岁。如曹操42岁奉天子以伐群雄，兴立屯田，为实现统一北方在政治上经济上奠定了基础。荀彧38岁，曹袁相拒于官渡，在关键时刻曹操心怯欲退兵，荀彧力陈退兵大不利，建议用奇兵破袁绍，一战而定大局。诸葛亮41岁为蜀汉丞相、录尚书事，掌握蜀国军政大权。陆逊40岁为大都督，指挥夷陵之战，消灭了蜀军主力，形成三国鼎立局面。刘义隆21岁掌权后，励精图治，任贤用能，"内清外晏，四海谧和",史称"元嘉之治"。王俭31岁入拜侍中、尚书令,掌管萧齐朝政。萧衍39岁即皇帝位,早期勤于政务,史称"万机斯理,治定功成,远安迩肃"。苻坚39岁统一北方,革新时政,恢复和发展生产。王猛36岁,一岁五迁,为京兆尹、吏部尚书、太子詹事、司隶校尉、尚书左仆射,加骑都尉、居中宿卫,"权倾内外",助秦王苻坚治理前秦。姚兴30岁,下诏免奴婢为良人,解放社会生产力。拓跋珪28岁,派兵攻破后燕重镇邺城,定都平城,建立魏国。拓跋焘32岁,亲率大军灭北凉,使北魏政权统一北方。李冲37岁,奏立三长制,为实行均田制创造了条件。元澄27岁,独被孝文帝召见,定迁都改制大策。高欢37岁,为大丞相控制东魏大权。宇文邕32岁,亲率大军灭北齐,显示其卓越的军事指挥能力,从而统一黄河流域。独孤信38岁,为陇右10州大都督、秦州刺史,"示以礼教,劝以农耕,数年之中,公私富实"。这些政治上有作为的人物,其主要功业大都是在27岁至42岁之间建立的。

关于仕途终岁,是指政界名人任职事官的最后年龄。他们中有66人,仕途终岁即年龄终年。有4人因年老任三公等荣誉职起咨询作用,有2人致仕,2人被黜官,1人弃官,1人病免,这些人以原任职事官的最后年龄为断。另有7人被杀或死于战争,只能以其死年为仕途终岁。仕途终岁年龄段,29岁至45岁的11人,约占全部人数的13.2%,平均年龄为38.6岁;46岁至55岁的31人,约占全部人数的37.3%,平均年龄约为51.2岁;56岁至65岁的20人,约占全部人数的24.2%,平均年龄为60.8岁;66岁以上的21人,约占全部人数的25.3%,平均年龄为73岁。

根据以上的统计分析,非常清楚地表明,魏晋南北朝政界人才成长反映在年龄结构上的特点是:20岁至28岁即从入仕到担任要职,为政治上的成长年龄期;28岁至35岁即担任要职的最低年龄段到最高年龄段,为政治上的成熟期;32岁至43岁,即建立主要功业的最低年龄段和最高年龄段,为政治上的最佳年龄期;28岁至50岁,即政治上的成熟年龄期至老化年龄期的最低年龄段,为政治上建功立业的黄金年龄期;51岁至73岁,即仕途终岁的后三个年龄段,为政治上的老化期。应当指出,当时政界名人担任要职,独当一面的平均年龄为28岁至35岁之间,建立主要功业的平均年龄在41岁至43岁之间,如果同现代政界和其他各界人才年龄结构相比,其年龄似乎要年轻得多,我们应当从中得到有益的启迪。

两晋南北朝官员的俸制和致仕

(一) 两晋南朝的官俸

三国分裂割据时期,吴蜀官俸不可考。曹魏"将吏俸禄,稍见折减,方之于昔,五分居一"。魏承汉末大乱之后,国家财政困难,官俸降到东汉官俸的五分之一。魏的官制和官阶均有所变化,因而所谓"五分居一",乃指其大略而已,无法详论。西晋统一全国后制定了官俸制,据《晋书·职官志》一、二、三品官俸是清楚的。一品食俸日米五斛(斛同石为十斗),太康二年(281年)开始给绢三百匹,绵二百斤。元康元年(291年)开始给菜田十顷,田驺十人。二品食俸日米三斛,绢七百匹,绵一百五十斤,菜田八顷,田驺八人。三品食俸日米三斛,绢一百五十匹,绵一百斤,菜田六顷,田驺六人。西晋四品以下官员官俸虽不详,但官制官俸同其他制度一样,各代之间不仅有继承和连续关系,而且有一些共同规律可循。西晋王朝居汉、隋、唐全国汉族统一政权之间,我们已知西晋一、二、三品官俸,再以汉、隋官俸相推,可以得出一个概数。两汉官俸以月俸谷计,万石至二千石为第一阶梯,这个阶梯官俸差额较大,万石约为中二千石的二倍,中二千石比二千石多三分之一,二千石比比二千石多六分之一。比二千石至比六百石为第二阶梯,这个阶梯每级相差只有谷十斛。由四百石至百石为第三阶梯,这个阶梯每级相差不过谷数斛(其中百石比二百石差十一斛)。两汉除三公之外,其他各级官俸,相差不大。隋代京官正一品至正四品为第一阶梯,各品月俸相差八石,从四品至正六品为第二阶梯,各品月俸相差四石,从六品至从八品为第三阶梯,各品月俸相差八斗(九品以下不给俸)。汉、隋官俸分为三个阶梯,各阶梯之间官品越高,官俸差额越大,各阶梯内各级官俸之差大致相等,其最高官俸与最低官俸相比,各为二十二倍和十八倍。从以上四条原则出发,考虑到西晋官阶比汉、隋均少,其一、二、三品官俸差额比汉代同级小,首先确定西晋最高和最低官俸的差额,应以汉(二十二倍)、隋(十八倍)的最低数,即十八倍较为恰当。再根据其他原则,并从西晋官员掌握职权和享受封建特权的区别来判断,官员高、中、低三个阶梯应为一、二、三品,四、五、六品,七、八、九品。第一阶梯月俸之差即为米三十斛,第二阶梯四、五、六品月俸之差不会到三十斛的三分之二,当为米十八斛左右,七品以下各品之差,当为十八斛的二分之一,即米九斛。按此计算,西晋官员四品以下月俸应为:四品七十二斛,五品五十四斛,六品三十六斛,七品二十七斛,八品十八斛,九品比八品差十斛,应为八斛。最高官俸为最低官俸的十八倍。这样,西晋官俸用上面四条原则衡量,基本上与汉、隋官俸相合。

西晋官俸绢、绵数,三品只有绵一百斤,四品以下绵较少,暂且不计。绢(为丝织品总称)一、二、三品各以一百匹、五十匹为差,按官阶越高差额越大的原则,第二阶梯以三十匹为差,第三阶梯以十五匹为差。四品应为一百二十匹,五品九十匹,六品六十匹,七品四十五匹,八品三十匹,九品十五匹。一品为九品的二十倍。

西晋官俸的菜田,一、二、三品之差为二顷,大体上根据制定官俸的基本原则,如四、五品为一、二、三品差额的二分之一,应为一顷,六品以下为四、五品差额的二分之一,应为五十亩。西晋官员四品以下菜田数应为:四品五顷,五品四顷,六品三顷五十亩,七品三顷,八品二顷五十亩,九品二顷,一品菜田为九品菜田的五倍。隋、唐官员职分田从西晋菜田演变而来,隋代一品五顷,至九品一顷,一品为九品的五倍。唐代职分田一品十二顷,九品二顷,一品为九品的六倍,因唐代一品比西晋一品多二顷。西晋官员菜田数同隋唐职分田数,各种比例比较接近。同时东晋由应詹建议所推行的都督、州、郡、县职分公田数,郡太守五品四顷,县令七品三顷,与西晋五、七品菜田数切合。

东晋为西晋政权的继续,各类制度其中包括官制官俸,自应沿袭西晋。东晋征收农民的赋税中有禄米二石,禄绢八尺,禄绵三两二分。宋武帝即位的第二年永初二年(421年)二月下诏:"中二千石加公田一顷。"中二千石多为朝廷三品以上的高官,既然说加公田,那么东晋中央官员已早有职分公田。可见东晋官俸内含禄米、绢、绵、职分公田等,皆与西晋官俸内涵相合。

关于南朝的官俸,宋武帝即位(420年)后首先下诏:"百官事殷俸薄,禄不代耕……诸供给昔减半者,可悉复旧。"所谓"复旧",是指复两晋官俸旧制。齐武帝永明元年(483年)正月下诏说:"守宰禄体,盖有恒准。"这里讲的"恒准"是指前代晋、宋官俸的准则和科条。梁武帝天监七年(508年)虽改九品为十八班,以班多为贵。但大通元年(527年)下诏称:"百官俸禄,本有定数。前代以来,皆多评准,顷者因循,未遑改革。"接着便讲:"自今已后,可长给见钱,依时即出,勿令逋缓。"这就是说,梁代仍然是"因循""前代"即晋、宋、齐官俸的"定数",只是在官俸中增加一部分钱。

南朝官员除正俸和职田租米外,还有"恤禄"。刘宋大明三年(459年)给沈庆之恤吏10人,这些恤吏可能供其役使。齐初正式出现了恤禄。建元二年(480年)虞玩之上表称"将位既众,举恤为禄"。《通典》所说"齐氏众官有憧、干之役",大概就是指官员有恤禄、力役之类的杂役。南朝自刘宋以来,"州郡秩俸及杂供给,多随上所出,无有定准"。这里的"杂供给",显然指官员正俸之外的收入。南朝地方官员的实际官俸收入,比朝廷规定的官俸要高得多。

(二)北魏的官俸

北魏太和八年(484年)九月,开始实行官俸制,每户增加帛三匹,谷二斛九斗,为百官俸禄。太和九年(485年)颁布均田令后,太和十年(486年)规定所收帛"大率十匹为公调,二匹为调外费,三匹为内外百官俸"。显然,北魏官俸开始有帛有谷,实行均田制后进行了调整,统一以帛计俸,所以以后在专讲官俸(不计爵禄)时,常常只有帛而无谷物。

北魏各品官俸的具体数字,完全不知道,只有两处关于俸禄数的记载,给我们提供了考察北魏官俸具体数字的依据。《魏书·高阳王元雍传》记他深受朝廷重用,身兼七职时说:"岁禄万余(匹),粟至四万。"粟至四万石,指爵禄和禄田之类的收入,姑且不论。岁禄万匹,其中应包括元雍身兼七职的正俸、杂俸和王爵爵禄中的帛。北魏均田后征收赋税为一夫一妇帛一匹,粟二石。民年十五以上未娶者,四人出一夫一妇之调。奴任耕,婢任绩者,八口当未娶者四。元雍王爵食邑三千户,王食封户租税的二分之一。当时黄河流域平均每户约为四口,以每家一夫一妇计,为帛一千五百匹。平均以三分之一户每户未娶者一人,共为一千人,四人合一夫一妇之调,计帛二百五十匹,二分之一应为一百二十五匹。据北齐颜子推所说,大约中等之家有奴婢二十口。当时贫困无奴户最多,中等之家居次,奴婢最多者是极少数士族官僚,他们可以荫庇奴婢。如三千户中平均以五分之一户有奴婢二十口,六百户应有一万一千口奴婢,八奴合一夫一妇之调,应为帛一千五百匹,二分之一为七百五十匹。以上王爵食邑三项所得帛共为二千三百七十五匹,余下帛七千六百二十五匹,应为元雍的总官俸数。北魏官制官俸为北齐所沿袭,北魏官阶完全与北齐相同。北齐文宣帝即位后下令:"自魏孝庄已后,百官绝禄,至是复给焉。"可见北齐完全恢复了北魏官俸。我们既掌握了元雍所居各品官和官俸总数,用北齐官俸数便可以推算出北魏官俸数。

北齐官俸第一阶梯一品八百匹,到从三品三百匹,各品之差为一百匹;第二阶梯四品之差为一百匹的十分之六;第三阶梯从四品至从五品各品之差为一百匹的十分之四;第四阶梯六品至从七品各品之差为一百匹的十分之二,以下各品之差为一百匹的二十五分之一。北齐最高官俸约为第一阶梯最低官俸的二点七倍,为第二阶梯最低官俸的三点三倍,为第三阶梯最低官俸的六点六倍,为第四阶梯最低官俸的二十倍,为第五阶梯最低官俸的三十三倍。元雍身兼七职中,一品四,二品一,从二品一,三品一，恰好都在第一阶梯。我们以北齐第一阶梯官俸各种比例推算，北魏第一阶梯一品应为一千三百匹，各级之差应为一百六十三匹，从一品为一千一百三十七匹，二品九百七十四匹，从二品八百一十一匹，三品六百四十八匹，从三品四百八十五匹。北魏一品官俸恰好为从三品官俸的二点七倍。以上述官俸数计，元雍所居七职官俸共为帛七千六百三十三匹，与元雍官俸总数几乎相等(只差八匹)。

再按北齐各阶梯官俸比例推算，北魏第二阶梯各品官俸之差约为九十八匹，第三阶梯各品官俸之差约为六十五匹，第四阶梯各品官俸之差约为三十二匹，第五阶梯各品官俸之差约为六匹，依此计算，北魏四品官俸应为三百八十七匹，从四品三百二十二匹，五品二百五十七匹，从五品一百九十二匹，六品一百六十匹，从六品一百二十八匹，七品九十六匹，从七品六十四匹，八品五十八匹，从八品五十二匹，九品四十六匹，从九品四十匹。这样，北魏最高官俸与各个阶梯最低官俸的比例，几乎与北齐官俸完全一致。只有一点不同，北魏官俸比北齐官俸正俸要高些，因而各阶梯之间差额比北齐相应也要大些。

《魏书·李冲传》载冲"兄弟子侄，皆有爵官，一家岁禄，万匹有余"。李冲死于太和二十二年(498年)三月，如以太和十八年(494年)至太和二十一年(497年)之间，冲叔伯兄弟子侄共九人，所居官为从二品三，三品六，从三品二，四品一，从四品一，五品四，从五品一。冲封开国侯爵食邑八百户，侯爵食封户租税的四分之一，其余仍按元雍封户各种比例计，冲爵禄帛为三百一十七匹。冲弟佐封开国子爵三百户，子爵食封户租税的五分之一，其余仍按元雍封户比例计，应为帛九十五匹。李冲家两种封爵共为帛四百一十二匹，所余帛九千五百八十八匹，为其家总官俸。以北魏各品官俸计,李冲家十八种官俸总数共为帛九千二百二十六匹,仅差三百六十二匹。应当说,误差可算很小。这个差额的出现,可能由于李冲兄弟子侄九人,一岁收俸禄帛万匹,究竟指的哪一年难以确定,这是由于他们所居官职具有一定的灵活性所造成的。

北魏官员还有职分公田,太和均田令规定外官"随地给公田",刺史十五顷,太守十顷,治中别驾八顷,县令郡丞六顷,"更代相付",不得买卖。北魏官员除正俸和公田收入外,还有各种杂俸。北魏官俸出于推论,当然不会很准确,只可作为接近数以供参考。

(三)北齐、北周的官俸

北齐的官俸比较清楚些,一品年俸帛八百匹,下至从三品各递减一百匹,从三品年俸帛三百匹。四品减六十匹,年俸帛二百四十匹。从四品至从五品各递减四十匹,从五品年俸帛一百二十匹。六品至从七品各递减二十匹,从七品年俸帛四十匹。八品以下各品递减四匹,从九品年俸为二十四匹。每品内又分秩等,官员事繁者升一秩,平者守本秩,闲者降一秩,兼职或试守者也降一秩。另外,非执事官,不朝拜者,都不给俸禄。北齐官俸总数以帛计,然后折合成三份,一份为帛,一份为粟,一份为钱。

北齐官员按品位高低"各给事力",供官员役使。一品三十人,二品以下各品"事力"数,史无明文。各品内或以"事力"五人为等,或以四人、三人、二人、一人为等。官员事繁者加一等,平者"守本力",闲者降一等。官员对事力的剥削情况不清楚,我们只知道,西魏末邢子才致仕,给"事力"五人,"事力"又称"兵力",似乎同西晋田驺身份相近。不论官员对事力采取何种剥削形式,其剥削量当接近当时对田客的剥削量。西晋课田一夫一妇七十亩,北魏均田一夫一妇露田六十亩。当时奴婢一口约耕种五十亩。事力应比奴婢劳动强度要轻些,以每人耕种三十五亩计,每亩交租米一点八斛,应为米六十三斛。一品官员事力三十人,共为一千八百九十斛,米四斛合帛一匹,共为四百七十二匹,约为一品官员正俸的百分之五十九。依此比例计,从一品官员事力俸三百五十匹,二品三百匹,从二品二百五十匹,三品二百匹,从三品一百五十匹,四品一百二十匹,从四品一百匹,五品八十匹,从五品六十匹,六品五十匹,从六品四十匹,七品三十匹,从七品二十匹,八品十八匹,从八品十六匹,九品十四匹,从九品十二匹。

北齐外官官俸,司州和上上州刺史年俸帛八百匹,上中、上下州刺史各递减五十匹。中上州刺史年俸帛六百匹,中中、中下州刺史各递减五十匹。下上州刺史年俸帛四百匹,下中、下下州刺史各递减五十匹。刺史共分九个秩阶,最低阶年俸帛三百匹。

上郡太守年俸帛五百匹,上中、上下郡太守各递减五十匹。中上郡太守年俸帛三百六十匹,中中、中下郡太守各递减三十匹。下上郡太守年俸为二百六十匹,下中、下下郡太守各递减二十匹。太守也共分九个秩阶,最低阶年俸帛二百二十匹。

上上县令年俸为帛一百五十匹。上中、上下县令各递减十匹。中上县令年俸帛一百匹,中中、中下县令各递减五匹。下上县令年俸为帛七十匹,下中、下下县令各递减十匹。县令也共分九个秩阶,最低阶年俸帛五十匹。北齐外官有力有干,供其役使剥削。干一人输绢十八匹,"干身放之"。力以本州郡县所辖"白直"充任。干、力皆由朝廷随时下令给予,无固定数字。

北周官制仿效周代建职,置三公三孤,以为"论道"之官。次置六卿,以分掌政务。三公九命,三孤八命,六卿七命,上大夫六命,中大夫五命,下大夫四命,上士三命,中士二命,下士一命。关于北周官俸,下士年俸为一百二十五石,中士以上至上大夫,各加一倍,上大夫为四千石,六卿年俸为五千石,三孤七千石,三公为一万石。这就正合古人定官俸,官品越高官俸越优,官阶越高官俸差额越大的基本原则。

上面是北周官员年俸的基数,每年实际年俸,要根据农业生产收成好坏而定。同时外官以民户多少定品级,这样可促使官员关心生产和民户生活的安定,显然是有积极意义的。

北周官俸尚有疑点,如北周斗称"于古三而为一",以此计算,高级官员年俸比其他各代要高出两倍左右,似乎不合情理。如果官俸斗量与当时各代斗量相同,那么下级官员年俸又过低,不能维持生计,不合"禄以代耕"的原则,这有待进一步探索。

(四) 魏晋南北朝官俸的特点

在封建社会里,官员俸禄来源于封建政权征收农民的租税,因而官俸实质上是地主阶级对农民剩余劳动产品的分割和占有,是封建剥削的一部分。官员俸禄的多寡,基本上取决于本人对地主阶级事业贡献的大小。一般说来,官员官阶的高低,同本人对本阶级的贡献是成正比的。因此,古人制定官俸的原则,首先是官阶越高,官俸越厚。各代最高官俸到最低官俸之间分若干阶梯,各阶梯之间的官俸差额,也是阶梯越高,其官俸差额越大。北周官俸制比较特殊,几乎每个官阶为一阶梯,但官阶越高其差额越大,却是同其他各代一致的。另外,每个阶梯之内各官阶官俸之差相等。汉、唐间全国汉族统一政权的官俸制,最高官俸为最低官俸的十八倍至二十三倍之间。如两汉最高官俸约为最低官俸的二十二倍,西晋为十八倍,隋代为十八倍,唐初为二十三倍。北朝为少数民族建立的政权,上述比例较大些,北魏、北齐为三十三倍，北周为七十九倍。

这个时期官俸和官员生活水平的关系如何呢？如以五口之家加上两个仆人共七口计，每人日食米五升，一年当食米一百二十六斛。古人计富裕之家生计除食外，"衣倍之，吉凶之礼再倍之"。共三倍应为米三百七十八斛。这个数字还不到两晋南朝一品官俸的十二分之一，北魏一品官俸的十三分之一，北齐一品官俸的十三分之一，北周正九命官俸的三十七分之一。高级官员的生活，显然极为富裕。以各代中级官员五品、正五品、正五命官俸来看，以五口之家加上仆役一人共六口计，每年食米一百零八斛，三倍应为米三百二十四斛。两晋南朝中级官员年俸约为全家一年生计的五点四倍，北魏约为三倍，北齐也约为三倍，北周约为九倍。中级官员的生活，也比较富裕。以最低官员九品、从九品、正九命官俸来看，按农民中等之家生计计算，穿、用为吃的三分之二，一年共为一百五十斛，两晋南朝最低官俸维持一家生活有余，魏、齐也能维持一家生计，北周维持一家生活略嫌不足。基本上符合古人制俸禄"足以代耕"的原则。当然，各级官员多是大大小小的封建地主，拥有多少不等的土地剥削农民，因而他们的生活，特别是高级官员的生活，实际上比我们计算的要丰裕得多。

关于官俸的内容，西汉官俸为谷，东汉半钱半谷，官俸比较单一。魏晋南北朝官俸趋向复杂化。两晋南朝官俸有米、有绢、有绵、有菜田、有劳动人手。北魏官俸有帛，有职分公田，有干、力，还另给官员酒、肉、食禀之类。北齐官俸为谷、绢、钱三类，并给事力役使。总之，这个时期官俸中，吃、穿、用、仆役，几乎全包括在内。特别是官俸内含土地和劳动力，说明封建制剥削形式渗入官俸之内。这种官俸制内在的变化，开唐代官俸的先例，唐初官俸有年俸和职分田,后又增加食料、杂用、仆人用费等等。当时官俸主要是米、帛等食物,表明自然经济占绝对优势,商品货币经济萎缩,不像东汉特别是唐代那样,钱在官俸中占有重要地位。

这个时期因战乱纷繁,农民经常大量流亡,国家租税收入不稳定,财政常处于窘迫状态,因而官员的官俸收入具有不稳定性。如西晋愍帝时"百官饥乏,采稆自存"。东晋成帝时"朝廷空罄,百官无禄"。东晋末年因政局动乱,减百官俸禄之半。宋武帝即位之初复东晋官俸后,文帝元嘉二十七年(450年)大举北伐,又减百官俸禄三分之一。北魏前期约100年无官俸,官员廉者贫困樵采自给,贪者借商贾取利,或交结盗魁分赃。太和八年(484年),班百官俸禄制,迁都洛阳后因长期对南朝战争,军费开支很大,减百官俸禄四分之一。魏孝明帝时(515—528年)于忠当政,才恢复所减官俸。魏末孝庄帝以后,因国用不足,"百官绝禄"。北齐河清四年(565年)三月,因严重灾荒,"减百官食禀各有差"。由此看来,两晋南朝的官俸,同当时经济、政治、军事形势紧密相关,凡遇较大的政治动乱、南北战争、人民起义、特大灾荒、国家财政困难,从而在不同程度上减少甚至断绝俸禄。

魏晋以降高门士族享有各种封建特权,也反映在官俸上,高官厚禄以及皇帝恩赏,主要是士族即五品以上官员所享受,其中三品以上尤为突出。从封建特权这一点讲,恩赏在官员的收入中不容忽视。当时人将俸禄和恩赏二者并列,如所谓"禄赐如前""禄赐班礼""禄赐俸秩""禄赐与卿同""禄赐所供""禄赐散之九族"等等,显示了皇帝对官员的恩赏与俸禄同等重要。这不仅在于满足高门士族的封建特权,而且皇帝借此加强对臣僚在经济和政治上的严密控制,趋使臣下为其效忠,使君臣之间蒙上一层封建社会普遍存在的浓厚的封建依附关系的色彩。

（五）两晋南北朝官员致仕

两晋南北朝时期,官员"致仕""致事""辞事""逊位""告老""乞骸骨""悬车"等等,都是指辞去政事,告老还乡之意。《礼记·曲礼》下称:"大夫七十而致仕。"郑玄注:"致其所掌之事于君而告老。"因此,当时官场舆论认为,官员年至七十,就应当致仕,所以不少官员确实是年七十致仕的。但这只是沿袭先秦古制,并非当时封建王朝的正式规定,不具有法律依据。当时官员致仕的年限,实际情况较为复杂。有年不满七十致仕的,当时官员年六十五至六十九逊位,一般称"年迫悬车"。如东晋太和二年(367年),尚书令王述年六十五,上疏请求致仕,称"年迫悬车"。有年过七十致仕的,西晋泰始三年(267年)九月,太保王祥致仕,明年卒,年八十五,则致仕时年八十四。有致仕后复起用的,西晋刘寔致仕五年后,复授太尉,永嘉三年(309年),刘寔第二次致仕。东晋义熙十二年(416年),领军将军孔季恭致仕。同年刘裕北伐又起用为太尉军咨祭酒、后将军,从平关、洛。有年过七十终身为官的,王琨在刘宋时历任内外要职,于萧齐建元四年(482年)卒于侍中位,年八十四。北魏太和十一年(487年),高允卒于尚书、散骑常侍、光禄大夫位,年九十八。

由于没有明确的致仕年限的法律规定,因而出现官员致仕迟早以及皇帝是否准许其致仕的差异。这首先取决于官员本人的态度。前面所说的各种类型的致仕官员,全部都是自己主动提出,有的上表数次或十数次,有的干脆称老疾不起,才被封建朝廷准许致仕的。这些官员之所以这样做,是因为当时社会舆论认为年老告退,符合儒家礼教,是一种高尚行为。所谓"七十致仕,亦所以优异旧德,厉廉高之风";"位隆固辞,贤者达节"。皇帝准许官员致仕,乃是"成人之美","遂其雅志"。其次,取决于最高封建统治者政治军事斗争的需要,及官员本人的德才名望和身体健康诸条件。如晋武帝代魏以及统一全国后,需要重用一批元老旧臣,以笼络人心,稳定政局,治理政务。像王祥、陈骞、刘寔、何曾、山涛等所谓"国之硕老,邦之宗模",晋武帝要凭赖他们"以隆政道","以穆风俗",辅佐咨询。所以这些官员屡表辞位,有的年过七十才被准允,有的致仕后又复起用。

官员致仕后的俸禄恩赏,两晋南北朝各代都没有规定统一的制度。但仔细考察起来,似乎也有一些规律可循。根据各级官品致仕后的不同情况,可分为五类。第一,一品官员位秩尊崇,致仕后俸禄和恩赏特别丰厚。王祥、郑冲两人已为上公,秩阶无法再升,故恩赐从丰。陈骞、卫瓘、尉元三人秩进一阶,俸禄比致仕前增加。刘寔、魏舒两人禄秩不升不降,保持原俸禄。第二,二、三品官员多带加官致仕,一般品秩优升一级,俸禄增加,或保持原俸禄。揆诸史料,二、三品官员致仕共十一人,其中郑袤致仕后品秩优升二级,羊琇、纪瞻、孔季恭、王敬弘、夏侯详五人致仕后品秩优升一级,并都带加官。李熹、游明根、华表三人比较特殊,虽未带加官,但或"禄赐一如三司",或"禄赐与卿同",或"食元卿之俸",实际上等于带官致仕,而李熹、游明根品秩还优升一级(或一阶)。王琚带加官,保持原俸。只有范泰虽带加官,但既未升级,又解除国子祭酒,俸禄下降了。第三,三、四、五品官员单以各类大夫荣誉职致仕的。第四,单以各种爵位致仕的。第五,辞去俸禄或俸禄不明者。

官员致仕后禄赐待遇具有下列特点:首先,官员品位越高,致仕后俸禄恩赐也越丰厚。如一品诸公致仕,或以本封食公禄,或更拜上公,即保持其原俸禄,或比原俸禄要高。二、三品高官致仕,多拜仪同三司、特进第一、二品加官,有的优升一级,也多保持原俸禄,或比原俸禄增加。这两类官员致仕,恩赐大量的钱粮布帛和其他生活用品,以及吏卒、卫吏、厨士、田宅。其次,内外三、四、五品官员,拜各类大夫荣誉职致仕的较多。尤其是左右、金紫、银青等光禄大夫,不复以为使命之官,多为"在朝显贵"加官,或为诸卿尹中朝大官养老官,因而品秩优崇,"以为礼赠之位"。再次,凡五品以上官员都有单以爵位致仕的。这些致仕官员享受封邑多者万户,少者数百户。各品官员公、侯、伯、子、男等爵位的高低,一般同其官品高低相合。官品高的,所享封爵等级也高。

封建地主阶级对于为本阶级建功立业的各类人才,在其致仕时优崇礼遇备加,重视利用他们长期积累的封建统治经验,为治理好封建国家,继续发挥作用。首先表现在官员致仕时举行的养老礼上。我国古代官员致仕时举行养老礼,有着悠久的历史传统。据《礼记·文王世子》篇称:"适东序释奠于先老,遂设三老五更,群老之席位焉。"郑玄注:"三老五更各一人,皆年老更事致仕者也,天子以父兄养之,示天下之孝悌。"致仕官员为什么称三老五更呢?史称:"三老五更昔三代所尊也。"又说"三老,老人知天、地、人事者","五更,老人知五行更代之事者"。东汉明帝永平二年(59年)十月,"初行养老礼"。明帝下诏尊事三老李躬,兄事五更桓荣,"三老、五更皆以二千石禄养终厥身"。

魏晋南北朝有的君主继承了这种养老礼仪。北魏太和十六年(492年)八月,尉元、游明根致仕,行养老礼。孝文帝下诏说:"天子父事三老,兄事五更,所以明孝悌于万国,垂教本于天下。"并以尉、游二人为"希世之贤",尉元年八十"处三老之重",明根年七十四"充五更之选"。尉元、游明根先后讲述了儒家礼教"孝顺之道"。孝文帝回答说:"今承三老明言,铭之于怀。"养老礼最隆重的,是北周保定三年(563年)四月于谨致仕。举行养老礼时,周武帝亲临太学。三老入门,皇帝迎拜门屏之间,三老答拜。有司设三老席于中楹,南向。太师、晋国公护升阶,设几于席。三老升席,南面凭几而坐,以师道自居。皇帝升阶,立于斧扆之前,西面。有司进馔,皇帝跪设酱豆,亲自袒割。三老食讫,武帝又亲跪授爵以酳。有司撤讫。武帝北面立而访道说:"猥当天下重任,自惟不才,不知政治之要,公其诲之。"三老回答说:"木受绳则正,后从谏则圣。自古明王圣主,皆虚心纳谏,以知得失,天下乃安。唯陛下念之。"又说:"言行者立身之基,言出行随,诚宜相顾。愿陛下三思而言,九虑而行。若不思不虑,必有过失。天子之过,事无大小,如日月之蚀,莫不知者。愿陛下慎之。"三老言毕,周武帝再拜受诲。

这种封建礼仪自有其形式主义的一面,孝文、周武二帝特重此制,似有以汉族封建礼仪掩盖其少数民族入主中原之意。但有一点是共同的,即以一国君主之尊,向致仕者跪拜,甚至以师道或父兄事之,其中必包含最高封建统治者颇为重要的政治意图。首先,表明皇帝是圣君哲王,以身示范,钦年敬德,尚老崇贤,用以教化臣民,使其自觉地遵循封建伦理纲常。再者,表明皇帝励精图治,重视本阶级中元老积累的知识和经验,亲自向他们"问道""乞言",以便治理好封建国家。总之,举行养老礼的意义,一是"养老兴教",一是"乞言纳诲",二者都在于维护封建统治的长治久安。

南北朝时期豪强酋帅兴起与政局变迁

北魏末年政权极度腐朽,某些具有政治远见的人如高欢、魏兰根、段荣、孙绍等已预言各族人民反抗斗争即将到来,段荣和孙绍还准确地指出将从六镇地区开始,发展为全国规模的反抗斗争。从六镇和秦陇发展到河北起义,还有南边蛮人的反抗,官军接连失利,"盗贼蜂起,海内沸腾,王师屡出,覆亡相继"。封建统治者悲叹:"四海土崩、九区瓦解……宗庙怀匪安之虑,社稷急不测之忧。"

(一)代北豪强酋帅的崛起

北魏末年六镇起义爆发,各地"华夷之民,往往响应";"北镇纷乱,所在蜂起,六镇荡然"。边镇诸镇府因此瓦解,封建统治秩序被打乱,当地豪强酋帅在各族人民起义的猛烈冲击下,已不能照原样统治下去,其中一部分组织并扩大私人武装,以便继续维护其封建统治;另有一些人投靠或混入起义军,企图利用起义力量登上政治舞台;还有一部分率家口宗亲"避难"南逃。南逃的人有的直接投靠尔朱荣,有的停顿于河北地区,当河北起义骤然发生后,被迫投靠义军或为义军所俘。总的说来,这些豪强酋帅可以分为三个地域性集团,即武川集团、怀朔集团、代郡集团。

武川豪强集团包括武川豪强宇文肱(宇文泰父)家族和贺拔度拔家族以及酋帅独孤信部族等。怀朔(孝昌中改为朔州)豪帅集团包括破六韩常之父孔雀、斛律金、斛律平、万俟普、高欢、尉景、蔡俊、可朱浑元、侯渊、窦泰、潘乐、韩贤、任延敬、王基、高市贵、王怀、彭乐等。代郡豪帅集团包括贺若统、叱罗协、窦炽、张保洛、叱列平、薛孤延等。三个集团的豪强酋帅,不论他们原来的政治态度如何,或镇压起义,参加或者混入起义,抑或先镇压后参加,或先混入后镇压,或参加起义直至失败,以"豪杰"迁晋阳,最后几乎全部成为尔朱荣的部属。此外,当六镇暴动后,代北豪强先后"避难"南逃直接投靠尔朱荣还有14人,武川集团的寇洛、侯莫陈崇、侯莫陈顺、若干惠;怀朔集团的孙腾、斛律羌举、步大汗萨;代郡集团的慕容绍宗、侯莫陈悦、陆腾等。

代北豪帅本来已对北魏政权胡汉士族当权派不满,面对北魏末年的政治形势,为了维护或重建封建政权,并乘机爬上最高统治层,一开始便选中尔朱荣为他们所投靠的理想人物。尔朱荣是地方酋帅实力派的代表。尔朱氏属于羯人,"世为酋帅","家世豪擅,财货丰赢……牛羊驼马,色别为群,谷量而已"。荣袭父爵梁郡公,他出兵镇压牧子起义后,擅自攻取肆州,署其从叔羽生为刺史,"荣兵威渐盛,朝廷不能罪责"。他曾上表请求镇压河北义军,魏廷虽未允许,但给其加官晋爵。从正光五年(524年)至孝昌三年(527年)春,尔朱荣四次晋升,进号大都督。在魏军主力被义军摧毁后,具有强大军事和经济力量的地方实力派尔朱荣的地位,便显得格外突出了。

尔朱荣的统治区域,原先居于秀容川,方圆三百里,"世跨并、肆",地处六镇和恒、朔二州之南,河北以西,秦陇、二夏之东北,也就是居于六镇、河北、秦陇三大支起义势力之间的空隙地带。西有黄河,东有太行山,南下可控制京都洛阳,其间虽有内附胡民和牧子起义,但规模较小,很快便被镇压。尔朱荣有"部落八千余家,马有数万匹,富等天府……部落之民控弦一万",军事力量很雄厚。六镇起义发生后,他"招聚散亡","招合义勇",军事实力大增。河北起义后,尔朱荣以"山东贼盛,虑其西逸",于是遣重兵固守滏口、井陉,积极做好消灭义军的准备。

因为尔朱荣具有这些政治、经济、地理、军事等有利条件,代北豪强酋帅集团便把希望都寄托在他身上。北魏武泰元年(528年)九月,尔朱荣率精骑七万与葛荣领导的义军决战于滏口。参加这次战役的代北豪强酋帅人物有:高欢、贺拔胜、贺拔岳、斛律金、侯景、蔡俊、高市贵、叱列平、司马子如、步大汗萨、侯莫陈崇、侯莫陈顺、陆腾、侯渊、彭乐15人。永安二年(529年)四月,元天穆、高欢率兵破邢杲于济南。建明元年(530年)二月,尔朱荣派尔朱天光、贺拔岳为正副元帅入关,经过激烈战斗,将关陇起义镇压下去。

在镇压葛荣起义前夕,即武泰元年(528年)四月十三日,尔朱荣举兵向洛阳,他以"天下丧乱",朝士"贪疟、不相匡弼"为由,杀害王公卿士2000余人,史称"河阴之变"。河阴之变的实质是一场地方酋帅实力派反对中央胡汉士族当权派的斗争。这次大屠杀,滥杀了一部分无辜者,致使封建统治各阶层从此痛恨尔朱荣。而尔朱荣在扫清政敌后,踌躇满志地准备受禅篡位。但在四次铸金人失败后,他只好作罢。永安三年(530年)九月,孝庄帝经过密谋一举杀掉尔朱荣,"内外喜叫,声满京城"。

高欢是代北怀朔豪强酋帅集团的成员,早"有澄清天下之志"。尔朱氏"逆乱"时,他积极准备起兵,东出滏口,摆脱尔朱氏的控制。他对部下"倍加约束,纤毫之物,不听侵犯。将过麦地,神武(高欢)辄步牵马"。当时人以高欢"将兵整肃,益归心焉"。普泰元年(531年),高欢率兵至信都,冀、定二州大士族高乾等人开门接纳,占冀州为根据地。代北豪强酋帅直接"参定大策"的重要人物有:窦泰、尉景、娄昭、库狄干、韩轨、潘乐、段荣、段韶、斛律金、斛律平、贺拔允、蔡儁、尉长命、王怀、任延敬、莫多娄贷文、高市贵、薛延孤、库狄伏连、平鉴、张保洛、段琛等。其他如司马子如、万俟普父子、厍狄回洛、徐远、韩贤、叱列平、刘贵、破落韩常、万俟洛等人,或率部远道奔赴,或遣使通好。北魏普泰元年(531年)十月,尔朱兆、度律、仲远与高欢战于广阿,不久,高欢以5万兵力击败尔朱兆等20万大军于韩陵。高欢至洛阳,立元脩为帝,是为孝武帝。而后孝武帝入关依宇文泰,欢另立元善见为帝,是为孝静帝。高欢为了便于控制朝政,乃自洛阳迁都邺城,元魏自此分为东、西魏。

以宇文泰为首的武川豪强酋帅集团在关内建立起西魏政权,以与高欢控制的东魏政权相对抗。宇文泰先入世为部落大人,泰父肱纠合武川豪族"首望"贺拔氏家族、独孤信部族镇压六镇起义后,宇文泰被尔朱荣以"豪杰"迁晋阳。尔朱荣部下武川集团的贺拔岳以副元帅西征,宇文泰等武川豪强酋帅大多随从。贺拔岳为关西大行台,以宇文泰为左丞,领府司马,加散骑常侍,"事无巨细,皆委决焉"。当时夏州为关中北部军事要地,岳以泰为夏州刺史。高欢总揽朝政后,忌贺拔岳威名及其军事实力,密使其党侯莫陈悦杀岳。贺拔岳被害后,其部属迎宇文泰。当时拥戴宇文泰的重要将领有寇洛、赵贵、侯莫陈崇、梁御、若干惠、怡峰、刘亮、王德、达奚武、王盟、耿豪、赵善、韩果、赫连达、厍狄昌15人。此外,独孤信、侯莫崇顺、杨忠、宇文贵等,或与宇文泰同乡里,或为其宗亲,都先后加入关陇集团。魏孝武帝西迁入关后,受宇文泰控制,建都长安,史称西魏。宇文泰为大将军、雍州刺史、尚书令,西魏"军国之政,咸取太祖(泰)决焉"。就这样,以宇文泰为首的代北武川豪强酋帅集团为主,以武功苏氏、陇西李氏等有武力之士族为辅,建立起西魏政权。

高欢和宇文泰两个集团的主要人物及其先世,或是少数民族酋帅,或是汉族地方豪强,多为地方官吏或州、镇、郡掾属。有的人其先世官位品级和社会地位均较高,但他们本人由于长期居住在代北地区,大多数是任军主、队主、幢主、司马、统军、别将、都督、参军等武职浊官,或任镇将以下的函使、省事、户曹史、外兵史、狱队成员等地方下级官吏。这就充分地说明,当北魏政权从平城迁往洛阳,实行汉化以后,原留代北地区的或新迁徙去的豪强酋帅,不管其先世社会地位和官职多高,他们本人已降到庶民地主的行列,所以大多任武职浊官,或任不入流的地方小官吏,很少有任文职清官的。不仅如此,在六镇起义前,他们的身份还在继续下降,甚至变为卑贱的"府户",其政治社会地位根本不能同迁往洛阳门阀化的鲜卑贵族和汉族高门相比,也不能享受各种封建特权,所以他们不安于现状,强烈要求爬上最高统治层。

东魏、北齐和西魏、北周政权是代北豪帅即庶民地主为核心而建立起来的,虽然其中包括一部分有武力并建立了武功的士族,但他们在政权中不占主导地位。因此,代北豪帅掌握最高统治权,标志着北朝庶民势力的兴起,士族势力的衰微。特别是这批庶民地主中少数民族酋帅居多,像高欢,史家多认为是鲜卑人,宇文泰是匈奴之鲜卑化人,其他豪帅也多出身少数民族,他们加入新政权,壮大了新政权的力量。同时这批人比较接近下层群众,其阶级地位使其对北魏腐朽统治有较深的认识,对民情也比较了解,又亲身经历过魏末各族人民大起义,所以他们当政后,各自都进行了一系列政治革新。西魏、北周方面经济和军事实力以及其他条件较东魏、北齐差,迫使其改革更为全面和彻底,因而迅速由弱变强,统一了北方,杨隋继承北周事业,进而统一了全国。

代北豪强酋帅的崛起,其历史影响极为深远。陈寅恪先生曾经指出:"宇文泰以'关中本位政策(指其革新措施)'创建霸业,隋唐因之,遂混一中国,为极盛之世。"又说:"有唐一代三百年间其统治阶级之变迁升降,即是宇文泰'关中本位政策'所鸠合集团之兴衰及其分化。……此关陇集团自西魏迄武曌历时既经一百五十年之久。"由此看来,代北豪帅集团兴起后,关西宇文泰集团的政治统治和政策延续之长,以及对后世影响之深远,在我国封建社会的统治集团中是比较少见的。

(二) 梁末陈初豪强酋帅的兴起

梁末侯景之乱,给予南朝历史发展以深远影响。如果从封建统治最上层的组成结构来说,首先是高门士族遭受沉重的打击而趋向没落,南方少数民族酋帅和豪强即庶民地主乘机崛起,从而使陈代最高统治集团阶级和民族的构成发生了重大的变化。

江南高门士族掌握的最高统治权力,被东晋末年农民战争的洪流冲开了一道缺口,庶民地主开始跻入最高统治层。但历宋、齐、梁三代,高门士族垄断最高统治权力的局面,并没有根本的变化。由于士族世袭的封建经济政治和文化特权,加上以宗族乡里血缘和地域关系为纽带,形成一种较为稳定的社会经济政治集团,因而士族势力的衰落过程是极为缓慢的。但士族的特权地位和腐化寄生生活,决定其不可避免地要走向没落。从魏晋之际士族制度开始形成,经过约300年的漫长岁月,至梁末高门士族已处于全面腐朽的阶段。当时人颜之推曾揭露,"梁世士大夫,皆尚褒衣博带,大冠高履,出则车舆,入则扶持","无不熏衣剃面,傅粉施朱,驾长檐车,跟高齿屐,坐棋子方褥,凭斑丝隐囊,列器玩于左右"。他们成天过着"饱食醉酒,忽忽无事,以此销日,以此终年"的醉生梦死的生活。可见士族完全丧失了治国和治家的能力,无论从思想意识、生活方式或身体素质上,都显示其腐败不堪，以致"及侯景之乱，肤脆骨柔，不堪行步，体羸气弱，不耐寒暑，坐死仓猝者，往往而然"。梁太清二年（548年），东魏将领侯景以数千人的兵力反叛过江，由士族掌握军政大权的梁政权，迅速土崩瓦解，毫无抵抗能力，实际上是高门士族极端腐朽的集中体现。

侯景之乱的主要战场，在京城建康和扬州地区，这里正是高门士族的集聚之地。特别是建康城内，结集的士族官僚最多。侯景军攻破建康东府城，"悉驱城内文武裸身而出，贼交兵杀之，死者二千余人"。侯景筑土山攻台城，"不限贵贱，昼夜不息，乱加殴棰，疲羸者因杀之以填山，号哭之声，响动天地"。这些被杀的文武和显贵者，无疑主要是高门士族。台城初围之日，有男女十余万，战士三万人。被侯景军围困约四个月，最后，"疾疫且尽，守埤者止二三千人，并悉羸懦。横尸满路，无人埋瘗，臭气熏数里，烂汁满沟洫"。当侯景攻破台城，"城中积尸不暇埋瘗，又有已死而未敛，或将死而未绝，景悉聚而烧之，臭气闻十余里"。

侯景攻破台城后，又进兵占领浙东地区。士族的财富家园多在这一带，自东晋以来，"三吴（会稽、吴兴、吴郡）最为富庶，贡赋商旅，皆出其地。及侯景之乱，掠金帛既尽，乃掠人而食，或卖于北境，遗民殆尽矣"。侯景对士族地主不仅从政治上打击，肉体上消灭，还剥夺其财物。加之长期战乱，国家政权瘫痪，财政困窘，士族官僚不可能再"悉仰俸禄而食"。同时，战争打乱了封建统治秩序，在战乱区封建剥削很难正常进行。况且，人民四处流亡，侯景又两次大量放免奴婢，高门士族剥削的对象奴客农民，必然大量减少，这些都直接影响士族的经济来源，因而其经济势力受到极大的削弱，从而不可避免地走向衰弱。

在梁末侯景之乱中，少数民族酋帅、汉族豪强（寒门地主）

和庶民百姓乘机崛起,高门士族也不甘心退出历史舞台,因而出现了各个阶层人物"争欲奋臂而论大功,一言而取卿相"的政治局面。这场斗争中主要包括四种人物。

第一,少数民族酋帅阶层人物有15人。陈霸先,其家世出身庶民。士族杜龛"以霸先既非贵素,兵又猥杂,在军府日,都不以霸先经心"。这里的"贵素"是指高门士族。霸先不属于士族,所以先娶同郡庶民钱仲方女为妻。陈寅恪先生曾揭示,东晋南朝士人讲北语(指洛阳及附近语),庶民讲吴语。陈亡时后主潜入井中,隋军"窥井呼之,后主初不应,欲下石,如闻吴人叫声"。所谓"吴人叫声",指后主说吴语,可见陈皇室确是出身庶民阶层。霸先吴兴长城人,家本寒微。杜龛为吴兴太守,"每以法绳其宗门,无所纵舍,霸先衔之切齿"。显然,霸先以维护宗族利益为己任。这些又反映霸先家非一般庶民,而是宗族首领,在当地具有一定的声望。

关于陈霸先的族属,《南史》卷九《陈武帝纪》说:"姓陈氏,其本甚微,自云汉太丘长陈寔之后也。"既说"自云",当有不实之嫌。如深加考辨,陈霸先似应源于溪人。史称霸先"长于谋策……又善武艺。不事产业,家贫,每以捕鱼为事"。《隋书》卷三五《经籍志》四说:天师道"三吴及边海之际,信之逾甚。陈武(霸先)世居吴兴,故亦奉焉"。霸先小字法生,其兄道谈,以"道""法"取名,为天师道徒之惯例。陈霸先好武善战,从事渔业,信奉天师道,完全符合陈寅恪提出的少数民族溪人族属的三条主要标志,也恰好证实陈先生在解释《世说新语》中卷上《雅量篇》王珉骂谢玄语时提出的假说,即吴兴必有溪人居住。溪人是五溪蛮的后裔,分布很广,霸先先世很可能是在西晋平吴后,按例从溪族地区迁至吴兴的。

陈霸先以武功起家,为振武将军、西江督护、高要太守、督七郡诸军事。侯景之乱时,他从广州起兵援台,岭南豪杰响应,成为平定侯景之乱的两大军事集团的首领之一。跟从他的还有霸先"疏属"陈拟、霸先从孙陈慧纪、南川酋帅周敷、豫章新吴"洞主"余孝顷、有蛮族弟子800人的陆法和。此外,据陈寅恪先生考证,侯瑱、徐世谱出自巴族,熊昙朗、周迪"恐与溪狗同类",侯安都可能源于俚族,留异、陈宝"当是越种",欧阳顾"殆是俚或溪之种"。他们大都为郡著姓或豪族,在侯景之乱中,乘梁政权瓦解,扩大武装力量。有的援助京师,有的则以各种形式取代当地州郡官员。当侯景之乱平定后,他们或因功晋升,或让朝廷承认既成事实,成为合法的州郡长官。

上述少数民族酋帅的兴起,是南方腹地开发和民族融合加深的结果。当他们进入汉族封建政权后,按当时的阶级结构,便属于庶民阶层中的寒门地主了。

第二,汉族庶民地主人物11人。包括济南人淳于量,吴兴武康人章昭达,扶风鄠人鲁悉达、鲁广达,吴郡钱塘人杜棱,南阳湖阳人樊毅、樊猛,南阳冠军人胡僧佑,吴郡吴人孙玚,新安海宁人程灵洗,彭城人徐文盛等。其中,章昭达、孙玚、徐文盛为梁地方官佐,杜棱本钱塘大姓,程灵洗聚徒本郡,太守奔依,鲁氏、樊氏都有众多的部曲,他们凭借政治经济势力组织私人武装,有的招募兵士竟达数万人。这些人好武善战,从其家世、官职、婚姻和地望考察,他们不是士族,也非庶民百姓,而是庶民地主阶层。

第三,庶民百姓8人。包括广陵临泽人杜僧明、周文育、周铁虎、胡颖,安陆人徐度,汝阴人任忠,会稽山阴人王琳、张彪等。他们或为兵户、亡命、"盗贼"、贫苦百姓,有的籍贯不明,先人不知名,全都以军功起家。侯景为逆,他们分别加入王僧辩或陈霸先军事集团。本身既非大族著姓,又无宗族部曲,并无力招募徒众,应属于庶民百姓阶层。在封建社会里,只要有了政治特权,其经济地位就会上升。因此,他们一旦进入中央或地方军政集团后,就由庶民百姓变为封建统治者,属于庶民地主阶级了。

第四,高门士族地主12人。太原王氏王僧辩,陈郡阳夏人袁泌,琅邪王氏王质,吴郡吴人顾野王、沈众,吴兴武康人沈文阿,汝南安城人周炅,京兆杜陵人杜崱、杜龛、韦载,颍川颍阴人荀朗,河东闻喜人裴忌。以上诸人,出身琅邪王氏,太原王氏,陈郡袁氏,汝南周氏,吴郡顾氏,吴兴沈氏,京兆杜氏、韦氏,颍川荀氏,河东裴氏,都是有名的高门士族。侯景反叛,他们也希望在讨伐侯景中建功立业,以便保持其既得利益。除王僧辩、杜龛(二人为陈霸先所杀)外,大都建立武功甚微,因而侯景平后,其政治军事地位也不显著。

上述四个阶层共计46人,其中32人在侯景乱前已经入仕,但大都不居显职,未入仕者14人。当梁朝朝廷崩溃之际,他们以增援京师的名义,组织各类武装,其中有40人直接或间接参与讨伐侯景。从梁太清二年(548年)十月侯景过江,至承圣元年(552年)三月侯景败亡约三年半时间,南方各族人民同侯景叛乱势力的斗争是主要社会矛盾,同时还夹杂着萧梁皇室争夺皇位,以及割据势力扩大地盘之争。各种政治势力围绕着主要社会矛盾及其余两类矛盾,展开了激烈复杂的斗争。各个阶层的代表人物在斗争中风云际会,分离组合,最后形成以荆州为基地的王僧辩军事集团,同以岭南为发源地的新兴势力陈霸先军事集团。在上述46人中属于陈霸先集团的20人,属于王僧辩集团16人,其他各类势力10人。这两个集团在同侯景的战争中,经过巴陵和赤砂亭以及石头城北两次大决战,彻底消灭了侯景叛军。在侯景之乱中兴起的各阶层势力，少数民族酋帅和地方豪强势力占46人中的26人，超过了多半数，而且他们中大多数在同侯景军决战中，战功卓著。可见侯景之乱，主要是南方新兴少数民族酋帅和寒门地主阶层镇压下去的。东晋以来的南北高门士族，当时虽身居军政要职，但在这场斗争中，并无重大建树，显然这是士族趋向没落的反映。

当侯景势力被消灭后，王僧辩、陈霸先两大军事集团的矛盾上升。王僧辩军中军纪败坏，"时军人卤掠京邑，剥剔士庶，民为其执缚者，祖衣不免。……缘淮号叫之声，震响京邑，于是百姓失望"，并接受北齐派来的萧渊明为梁嗣，依附北齐，这两件事大失民心。陈霸先抓住民心所向，毅然定计，于绍泰元年（555年）九月，袭杀王僧辩。梁敬帝复位，陈霸先掌握梁朝廷大权。只隔两年，霸先废敬帝自立，建立起陈朝。

王僧辩被诛后，其军事集团16人中，有11人归附陈霸先集团，其他势力归附陈的有3人，其余病死、战死或被杀的10人，降齐2人。这样，原先各阶层人物46人中，有34人成为陈霸先的势力，占总人数的74%。其中居于陈皇室和中央将相大臣最高统治集团的有23人，约占34人中的68%，其余11人全部任陈政权中央和地方其他文武重要官职。在23名皇室和将相大臣中，少数民族酋帅10人，庶民地主7人，士族和庶民百姓各3人。庶民百姓3人实际上已上升为寒门地主，因而少数民族酋帅和庶民地主，在陈皇室和将相大臣中共有20人，约占皇室和将相大臣全部人数的87%。这20人在侯景乱前，未入仕的有9人，入仕的11人中，太守3人，县令1人，郡佐2人，军主、参军4人，东宫直后1人，这些都属于不显要的中下级官吏。由此可见，经过侯景之乱，本已腐朽的高门士族遭受沉重打击而没落，少数民族酋帅和汉族豪强即寒门地主在消灭侯景势力中掌握了最高军政大权，他们中的大多数人进入陈政权最高统治集团，政治社会地位发生了显著变化，从而使南朝历史进入了一个新时期。

南朝宋、齐、梁三代，所谓"士庶天隔"。最高封建统治集团的成员主要是士族，他们享有各种封建特权；庶民地主大多数居于封建统治的中下层，不能分享士族所独占的封建特权；庶民百姓则处于被压迫的地位。经过梁末侯景之乱，南方少数民族酋帅和庶民阶层兴起，大批地涌进陈政权最高统治集团，原来的士庶政治格局实际上被打破了。这是南朝历史发展的一个重要变化。那么，整个陈代最高统治集团中，高门士族和庶民地主（包括豪强）的比例如何？门阀势力在陈代的政治地位应当怎样评估呢？首先，我们将梁、陈两代最高统治集团（以万斯同《将相大臣年表》所列官员为限）成员中士族和庶民地主的比例作一对照。梁代将相大臣共有127人，其中高门士族109人，约占总人数的85%；庶民地主19人，约占总人数的15%。在高门士族中，王、谢、袁、萧四大族共68人，约占士族总人数的62%。这三种统计数表明，梁代门阀势力在最高统治集团中占绝对多数，他们把持最高统治权力。王、谢、袁、萧四大姓仅占梁氏将相大臣中士族23种姓氏的17%，却占士族总人数的62%。这又说明，南朝王、谢、袁、萧第一流高门，在梁代上层统治中居于特殊地位。同时梁代最高统治集团中，属于北方籍（以淮水为界）的共有110人，约占总人数的87%；属于南方籍的共有17人，约占总人数的13%。据此可知，从东晋以来南方政权主要由南渡士族所掌握的局面，一直沿袭到梁代。陈代最高统治集团共有77人，高门士族共29人，约占总人数的38%；庶民地主48人，约占总人数的62%。王、谢、袁(萧氏无一人)三姓共11人,约占士族总人数的38%。这三种统计数反映出,陈代最高统治集团士族人数,从东晋以来第一次退居少数。而且陈代最高封建集团中,属于北方籍的只有23人,约占总人数的30%;属于南方籍的共有54人,约占总人数的70%。这正好从另一个角度证明,陈代士族的衰落和南方豪帅的勃兴。这是魏晋士族形成以来,历两晋、宋、齐、梁各代,最高封建统治集团中士庶组成结构带根本性的变化。侯景之乱给南朝政治和社会的深远影响,最集中地体现在这一点上。

虽然士族的总人数在陈代将相大臣中只占三分之一以上,但他们在国家最高统治集团和上层社会生活中,仍具有相当大的势力和影响。实际上,从梁末陈霸先掌权起,一直到陈末,高门士族仍在千方百计地企图维护其最高统治地位。而且,在政治形势较为稳定后,士族凭借其各种优越条件,仍然有机会进入最高统治层。如果我们仔细考察陈代将相大臣人员的组成,发现有两点值得注意:第一,出任吏部尚书的15人,几乎全部是出身高门。见于记载的17位州级大中正,除宗室外也几乎全是士族。其中有7人既任中正,又做过吏部尚书。而且士族出任中正的州,恰好是当时高门士族最集中的扬州、东扬州、南徐州、豫州、荆州、司州、雍州、湘州等地。吏部和重要州中正由士族出任,他们从本阶级利益出发,在选举上不可能不重视门第。特别是宣帝、后主两代,选举重门第似较突出。如宣帝时吏部尚书孔奂、后主时吏部尚书姚察在选官时,仍依据百家谱牒以及官职婚类等条件,所以高门士族"莫不悦伏","雅允朝望"。第二,陈政权最高统治层中的少数民族酋帅和庶民地主,一般带重兵居外镇,加三公或开府仪同三司荣誉职,或任掌兵权的中领军和中护军之职。而掌握最高行政决策和执行权的三省长官，如尚书令、左右仆射、中书令（监）、侍中等职位，陈代共计42人，除陈皇室16人以及鲁广达、杜棱、孙玚3人属庶民地主外，其余23人全部是高门士族，占多半数，可见行政决策权和执行权力，主要掌握在皇室和士族手中。这是因为士族的传统势力很强，以及具有封建文化素质和政治统治经验的缘故。

通过侯景之乱，一方面士族在陈政权最高统治集团中退居于少数，但另一方面陈代高门士族还没有完全退出历史舞台，他们掌握着一部分最高行政权力，其社会地位仍然很高，并垄断着封建文化，从而受到陈政权的重用。只有陈灭亡之后，隋统一全国，科举制兴起，南北方高门士族的政治地位才完全衰落，而其社会影响直到唐中叶才渐趋消失。

魏晋南北朝基层政权组织

汉末长期战乱之后，人民死亡流散，各割据政权相互兼并，政局极不稳定，使得当时基层政权时置时废，不像汉代那样严密完善。

曹魏"诸乡有秩三老，第八品；诸乡有秩第九品"。这里的三老、有秩皆为魏国的乡吏。西晋统一后，整顿地方县以下基层政权。县500户以上者皆置乡，3000户以上置2乡，5000户以上置3乡，万户以上置4乡，乡置啬夫一人。一乡不满千户的置治书一人，1000户以上置乡吏、佐各一人，正一人；5500户以上治吏一人，佐二人。上述三种人户多少不等的乡，如以每户5口计，小乡管7500人，中乡管8500人，大乡管12 500人。每乡如此众多的人口，若乡下面不再设政权是难于管理的。《晋书·百官志》记载人口极少的县,即百户约500人以下的县不置乡,因为它不到小乡所辖人口数,只设里吏一人。土广人稀处,可根据情况设置里吏,但里吏最少得管辖50户约250人。葛洪在《抱朴子·内篇》中曾十分明确地将东晋地方政权机构分为州、郡、县、乡、里五级。魏晋高门琅邪王氏籍贯,据南京出土的王兴之及妻宋和墓志及王闽之墓志所记,为"琅邪临沂都乡南仁里"。这无疑是沿袭西晋的建置。齐高帝萧道成"其先(世)本居东海(郡)(治今山东郯城北)兰陵县(今山东兰陵县西南)中都里"。大同出土的北魏太和八年(484年)司马金龙墓志铭,称其籍贯为"河内郡(治今河南泌阳县)温县(今河南温县西)肥乡孝敬里"。史载司马懿为河内温县孝敬里人。这里肥乡省略。

西晋末年,北方大乱后,敦煌郡先属汉人张轨之子张寔建立的前凉政权(314—376年),后属汉化较深的氐人建立的前秦(376—385年)、后凉(386—403年)政权,最后属汉人李暠建立的西凉政权(400—421年)。这四个政权都沿袭了西晋地方政权编制,所以西凉户籍残卷8户人家,籍贯均为敦煌郡(治今敦煌西)、敦煌县、西乡、高昌里人,所反映的为郡、县、乡、里制。

北魏统一北方后,开始时为适应十六国战乱所形成的以大族聚居生产自卫的政治经济双重性质的坞堡组织,建立了宗主督护制。在宗主统率下,或"五十、三十家方为一户"。这种大族隐庇大批民户,对北魏政权增加军力财力极为不利。当北魏进入中期,统治形势稳定后,便于太和十年(486年),根据给事中李冲的上言:"宜准古,五家立一邻长,五邻立一里长,五里立一党长,长取乡人强谨者。"在北魏三长制下,邻管辖5户,里管辖25户,党管辖125户。北齐河清三年(564年)令:"人居十家为比邻,五十家为闾里,百家为族党。一党之内则有党族一个,

西凉户籍残卷

闾正二人,邻长十人,合有十四人。"西魏在大统十年(544年)颁布的《六条诏书·擢贤良》中说:"非直州郡之官,宜须善人,爰至党族闾里(党族)正(闾里)长之职,皆当审择,各得一乡之选,以相监统。"这里只有党(正)、里(长)两级,邻或漏记,或建制中本已省略。隋文帝初受禅,颁新令:"人五家为保,保有长,保五为闾,闾四为族,皆有正。畿外置里正,比闾正,党长比族正,以相检察焉。"隋文帝开皇九年(589年)灭陈后,"制五百家为乡,正一人,百家为里,长一人"。当隋政权统一南北后,将北方基层政权改为乡、里两级,以便与南方基层政权合一,这显然是必要的。

关于基层政权的职掌,《宋书·百官志》讲乡官说:"乡有乡佐,三老、有秩、啬夫、游徼各一人。乡佐、有秩主赋税(徭役),三老主教化,啬夫主争讼,游徼主奸非。"沈约在这里所讲的乡官名称和职掌,与《晋书·百官志》乡官有别,完全同于《续汉书·百官志》,无疑这乃是汉制。魏晋南北朝乡里吏的名称,从《晋书·职官志》看,大概没有这样复杂。但每个政权的设置不尽相同,除曹魏时有三老、有秩外,东晋时隐士翟汤"悉推仆使委之乡吏"。梁武帝天监十七年(518年)诏书中有"村司三老"。十六国时刘曜被石勒所擒后送襄国(今河北邢台),"北苑市三老孙机上礼求见曜"。北魏太延元年(435年)十二月诏:"县宰集乡邑三老计资定课。"南朝刘宋时有"符伍里吏"。陶潜曾孙曾为里司。陈霸先微时"仕郡为里司"。这些是乡、里两级官吏的记载。

乡、里基层政权要实行各种封建统治的职能,首先必须配合上级登记户口。当时叫"籍注",包括户口登记的内容。而户口登记的内容,从当时史籍记载看,其主要项目有户主姓名、年龄、籍贯、世代官职爵位、家庭成员的年龄健康状况、丁口是否在役、乡论清议等等。此外,如西晋占田课田、东晋度田收租、北朝实行均田制时,户籍上还必须登记耕种土地数额,从户口登记内容可以看出,当时的户口登记制度是相当严密的,对当时人来说,籍注是确定一个人的社会地位的主要依据,如享受封建政治经济特权,以及服役、纳赋、铨选、教化、奖惩等,几乎都离不开户籍册。因此,南齐虞玩之认为户籍为"民之大纪,国之治端"。

乡、里吏在掌握标准的户籍簿后,要行使基层政权诸多职能,如捕缉罪犯,荐举官吏,收纳赋税,征发兵役力役,兴办学校,解决流民土地,救济孤老残疾贫困户,实行均田,督促生产,司行教化等等。因此,北周苏绰在《六条诏书·擢贤良》中说:"夫(党)正(里)长者,治民之基。基不倾者,上必安。"他主张严格"审择"基层政权的官吏,使封建基层政权稳固,从而整个封建统治才能长治久安。

封建政权为了加强对人民的控制,实行相互监察和连坐法,还在里以下建立什伍制。《宋书·百官志》称:"五家为伍,伍长主之；二伍为什，什长主之；十什为里，里魁主之。"什和伍大概不属基层政权，而是实行什伍连坐的法权范围。东汉规定："民有什伍，善恶相告。""什主十家，伍主五家，以相检察。民有善事恶事，以告监官。"什伍所辖民众，对善恶事要相互举发，这应是什伍连坐的前奏。东晋政权正式实行什伍连坐法。王羲之在永和（345—356年）末指出："自军兴以来，征役及充运死亡叛散不返者众，虚耗至此，而补代循常……上命所差，上道多叛，则吏及叛者席卷而去。又有常制，辄令其家及同伍课捕。课捕不擒，家及同伍寻复亡叛。"王氏所讲服兵役及运役者本人逃亡，其家及同伍连坐，乃是一种常制。刘宋泰始五年（469年），沈攸之为郢州（治今湖北武汉市武昌）刺史，为政苛暴，"将吏一人亡叛，同籍符伍充代者十余人"。宋末沈攸之于荆州（治今湖北江陵县）刺史任上反叛，宋廷数其罪状之一是："一人逃亡，阖宗补代。"沈攸之先后实行的乃是家属和宗族连坐法。梁天监十年（511年），史载："百姓有罪，则案之如法，其缘坐则老幼不免，一人逃亡，举家质作（质其家属而罚作），民既穷窘，奸宄益深。"梁普通（520—527年）中，郭祖深讲征役给人民带来的痛苦说："或有身殒战场，有名在叛目，监符下讨，称为逋叛，录质家丁。合家又叛，则取同籍，同籍又叛，则取比伍，比伍又叛，则望村而取。一人有犯，则合村皆空。"可见梁代既实行家属连坐法，又实行什伍连坐法。

北魏政权同样实行连坐法。北魏太延元年（435年）十月诏："不听私辄报复，敢有犯者，诛及宗族；邻伍相助，与同罪。"太和（477—499年）中，高祐为西兖州刺史，"设禁贼之方，令五五相保，若盗贼发则连其坐，初虽似烦碎，后风化大行，寇盗止息"。这是个别地方官吏在所管辖区内，实行盗贼连坐法。所谓

"五五相保"即邻里内相互监视,若发现盗贼不擒,则实行邻里连坐。太和末年,"时以犯罪配边者,多有逃越,遂立重制,一人犯罪逋亡,阖门充役"。这是指在北魏管辖范围内,实行犯罪逃亡家属连坐法。北周明帝元年(557年)下诏:"魏政……诸村民一家有犯,乃及数家而被远配者,并宜放还。"这是说,北魏时一家犯罪,实行邻里连坐的一律被放还。

从史实看,东晋南朝主要因为兵役和力役迫使人民逃亡后而实行连坐。北魏似乎以犯罪徙边者逃亡,而实行邻里连坐者居多。实际上,所谓"犯罪"者中无疑包括大批因役而逃亡的人。东晋南北朝由于士族及其各类荫户免除赋役,因而繁重的赋役重担完全落到寒门地主和贫苦农民身上。当时南北分裂,战乱繁多,尤其是南朝寒门地主在户籍上作弊免除赋役,加上皇室内乱,争夺皇位,兵役、运役以及其他力役层出不穷。农民一旦服役,很难返归。尤其服兵役者全是强壮劳力,或战死,或伤病致残,直接摧残劳动力,因而农民大批逃役,家属及同伍连坐,结果一人有犯,弄得"一村废业"。由此使社会生产受到破坏,给农民带来无穷无尽的痛苦。

军事

在两晋南北朝324年(265—589年)中,只有西晋37年(280—316年)的短暂统一,从东晋(317—420年)建国开始,处于南北政权对立时期。这个阶段由于长期南北分裂,南方王朝不断更迭,北方民族关系复杂,在长时期内政权林立,因而充满着动乱和战争。当时军事活动异常频繁,根据粗略的统计,在324年间发生较大规模的战争有400余次。这些战争的性质有三种类型:首要的是各政权之间的兼并战争;其次是各政权内部统治阶级之间的内战;再次是农民反对封建统治的战争。众多少数民族入主中原形成的军事统治,长期南北分裂割据,战乱频繁、战争规模宏大等所形成的特殊历史条件,使得各类政权的军制、主要兵种、战略战术等都呈现出时代的特色。

魏晋南北朝时期的军事特征

分裂和战乱是魏晋南北朝时期的主要时代特征,尤其是十六国和北朝大都是少数民族建立的政权,这些政权同汉族政权有一个显著的区别,即主要靠军事征服进行统治,因而其武装力量极为强盛,军队数目非常多。曹操统一了北方,朝廷征战的常备兵力大约有30万人。西晋朝廷军队的总数,大体上沿袭曹魏时期的规模而略有增加。十六国前赵主要统治关中地区,朝廷常备兵力近30万人。后赵灭前赵后极盛时,朝廷常备兵力当在

50万人左右。前燕统治关东地区,朝廷常备兵力有40余万人。南燕仅统治今山东地区大部分,朝廷常备兵力竟达42.3万人。前秦统一北方后,朝廷有常备兵力60余万人。北魏前期常备兵力最多时也达60余万人。十六国和北魏少数民族政权的朝廷常备兵力,比相应的汉族政权的朝廷常备兵力,大约要高出1倍以上。再从魏晋南征兵力同十六国、北魏南征或其他征战兵力相比较,十六国一些政权和北魏注重军事征服的特征就显得更为清楚。曹操征吴率军约16万人,加上荆州刘琮投降的军队,其总兵力也只有24万人左右;西晋伐吴东西六路大军,其总兵力也不过20万人。东晋咸康六年(340年),后赵石季龙将讨慕容皝,诏司、冀等七州"五丁取三,四丁取二,合邺城旧军满五十万"。东晋咸康八年(342年),石季龙准备征伐东晋、前凉、前燕,诏徐、兖等十一州三丁发二,五丁发三,州军齐集,其中仅造甲制船者就有67万人。东晋建元二年(344年),石季龙将伐东晋,"诸州兵至者百余万",只因太史令赵揽密言天时不利,才暂停军。东晋升平二年(358年),前燕慕容儁欲攻秦、晋,乃诏州郡校阅户口,"率户留一丁,余悉发之,欲使步卒满一百五十万"。由于刘贵极谏,"乃改为三五占兵",于次年(359年)冬郡兵齐集邺城。前燕全境240余万户,以"三五占兵"推算,平均两户一丁,当有120万人,平均三户一丁,也有80万人。后赵将伐东晋所集兵力,仅仅州兵即为魏晋南征兵力的5~6倍;前燕欲攻东晋所集郡兵力,亦为魏晋南征兵力的4~6倍以上。像后赵、前燕如此大规模的全境征兵,其征发丁壮的比例及集兵数量,在历史上都是罕见的。像石季龙东征西伐,仅州兵就征集160余万人,其穷兵黩武,尤为典型。前秦苻坚伐晋,东西三路大军近100万人,仅中路军就有60余万人,其总兵力为魏晋南征兵力的 5～6 倍，其中路军兵力约为魏晋南征兵力的 3 倍以上。北魏太武帝拓跋焘分五路大军反攻刘宋，"众号百万，鞞鼓之声，震动天地"。这里所谓"百万"为虚夸数，其实际兵力当在 40 万～50 万之间，为魏晋南征总兵力的 2～3 倍。显然，后赵、前燕、前秦和北魏在征战中动用如此多的军队，乃是突出其军事征服的威慑力量。十六国和其他少数民族政权的建立者，在实行军事征服和统治时，对本民族和其他少数民族皆承袭其游牧经济时期青壮年男子全部为兵的传统，而且这些政权对汉族人民也大量征兵，所以其军事力量如此强大，与之相对立的汉族政权不能不相应地加强军事实力，从而决定了当时战争规模很大。

  这个时期军制的特征，大体上可以分为两晋南朝、十六国、北朝三个时期来叙述。两晋南朝为汉族封建政权，其军制历代沿袭，大同小异。在我国的封建专制时代，军权统于政权，政权统于皇权，所以皇权至上，这是历史的常态。两晋南朝由于高门士族掌权，有时重臣执掌国命，致使皇权受到了削弱，除少数皇帝（如晋武帝司马炎、宋武帝刘裕等）尚能掌握军政大权外，多数皇帝反而成为权臣手中的傀儡，所以这一时期的军事机构变化无常，常因人而异，军制混杂。两晋南朝的主要军队大致分为两大类，即中央军和地方军。中央军一部分担任京师卫戍，称为禁卫军；一部分屯驻京城附近的要冲之地，以保卫京城或受命出征。外军是中央军驻守在地方要镇的，由当地都督府统领，所以两晋南朝的主要军队通常称中外诸军。在军事统御这方面，一般由尚书省所属五兵曹主管军队的日常工作，同时设中领军统领京城的禁卫军，设中护军统领京城外宿卫军，使之相互制约，直归皇帝统御。东晋以后中领军统属内军，指京城内外的卫戍部队；中护军统率外军，指属中央军驻守在各地区的部分。南朝基本上沿袭此制。

由于南朝士族走向衰落,寒人兴起,君主利用寒人掌机要,专设制局监或外监军事机构,以侵夺中领军和中护军的权势。两晋南朝常由权臣执政,任都督中外军事,代表皇帝统御全国军队。当个别皇帝能掌握实权时,都督中外诸军事虽统御全国军队,但仍由皇帝下诏、尚书下符调动指挥中外各军。当皇帝无能时,大权落入权臣之手,或恢复丞相以统领军政,或任都督中外诸军事和录尚书事以掌握全国军政大权,把皇帝架空。东晋多次权臣专政,南朝各代篡夺皇位,都是在这种情况下实现的。

两晋南朝地方军事制度的特点,是军政合一的都督和刺史领兵制。西晋建立后,晋武帝司马炎鉴于曹魏因皇室孤立而灭亡的教训,在称帝后不久,便大行封建制,分封了27个皇室宗王。宗王可依封国的大小,分别设置数量不等的军队,特别是任命宗王为都督一方的军事长官,让他们掌握国家外军的兵权,目的在于拱卫皇室,称为宗王出镇制。这种军制虽带来西晋末年八王之乱的严重后果,但以后除东晋皇室衰微外,南朝仍在不同程度上沿袭此制,这成为南朝宗王起兵夺取皇位或叛乱的根源。关于地方军政体制,西晋初年,已有一些都督兼任州刺史。太康三年(282年),晋廷曾一度罢州兵,实行刺史不领兵、军民分治的政策。晋惠帝时又实行军民兼治,随着都督兼任刺史的普遍化,形成了东晋南朝集军政大权于一身的刺史领兵制,宗室或门阀大族大多以州刺史兼都督一州乃至数州的军权。他们所统领的军队,一部分是属于国家中央军的外军,另一部分是州郡兵。东晋以后个别方镇掌握的军队数量很大,从而"阻兵仗势,足以建命",以致有时形成方镇起兵叛乱的局面。

十六国的军事制度,呈现出复杂的情况,既有对魏晋制度的承袭,又保留了少数民族的一些传统制度。而且在各政权的建立过程中，前期同后期的制度，也发生了不少变化。总的说来，前期的诸胡政权和每一个胡族政权的初期，大都实行胡汉分治政策，在政权组织上一国设置两套班子，分府办公，各行其是，总统于国家的最高统治者——王或皇帝。这种组织形式表现在军事统御系统上，就是单于台和都督中外诸军事并设，后来随着形势的发展，二者逐渐合而为一。在实行胡汉分治时，国家的最高统治者王或皇帝，也是最高军事统帅，同时又保留了大单于的称号，以表示他们仍是少数民族的最高首领。上述政权组织形式，在诸胡政权建国的初期，是比较普遍的。此后，随着各民族学习汉制进度的加快，他们的政权组织及军事指挥系统便开始发生变化。以军事领导系统来说，各政权差不多都设置了都督中外诸军事，为皇帝之下的最高军事统帅。另外，还设置了许多不同品级的将军，分统中外诸军。在少数民族政权中，都督中外诸军事、都督中军和都督数州诸军事等高级统军将领，一般要由本民族特别是皇族宗室子弟担任。也有个别学习汉制进度较快的政权，任命汉族官员担任高级军职。如前秦苻坚就曾以汉人王猛任都督中外诸军事，但这毕竟是特例，而非常制。

十六国的外军，也是中央军的派出部队，由中央委派到各地的持节都督或镇将统领。十六国时期，在州一级政权中，大体上仿照两晋之制，实行军政长官互兼的制度，任命驻在各军事要地的统军将领，兼任所在州的刺史，或给州刺史加上持节都督的职称，兼统军事。有的既是少数民族首领，又是当地的军政长官。从制度上说，他们所统属的军队除州郡兵外，一部分属于中央军驻在地方上的外军，但实际上由于担任地方军职者，非皇室子弟，即创业元勋，或是带兵投靠的少数民族酋帅，他们往往视所统的军队为私人武装，或者招兵买马，筑城修堡，扩展个人势力，不听从中央的调遣。这种制度,实是造成诸胡政权经常发生分裂的重要因素。

北魏的军队体制,由中兵、镇戍兵、州郡兵三部分组成。中兵又称台军,是北魏军队的主力。北魏前期,中兵多为鲜卑部落兵,当时向四处征战的主要是中兵。中兵的主要任务是卫戍京师、出征作战,但有时也卫戍地方要镇。北魏中兵的数量很大,前期动辄十几万甚至数十万人出征,大都属于中兵部队。北魏中兵领导体制,前后期有所不同。在前期,北魏主要是部落兵制,中兵的指挥权归皇帝直接掌握,下设八部大人制,实为部落联盟最高军政领导机构。孝文帝改制后,中兵的领导体制仿效汉制,设领军将军一人,总统中兵。领军将军权势极大,史称"总握禁旅,兵皆属之"。此外,在京师四方设置关津,以东、西、南、北四中郎将各领中兵镇守,另设护军将军统率四中郎将,以捍卫京师。北魏中期以后,尚书省设五兵尚书,专管中外军的日常工作。北魏皇权强大,虽设都督中外诸军事,但不像两晋南朝那样集军权于一身,所以不曾出现权臣任此职威胁到皇权的现象。

为了防御北边柔然等游牧民族的侵扰,北魏在北疆和西北疆设置镇戍,派兵镇守,后来又在南部边界设置镇戍,这些守兵即是戍兵。镇戍兵的主要任务是戍边守土,战时也配合中兵征战。镇设镇将,戍设戍主,统率镇戍兵,镇将的地位相当于州刺史,戍主则常由郡太守兼任。各镇戍领兵数不等,一般说来,一镇有兵三五千人。州郡兵即州郡属下的兵,主要是为防范人民的反抗,维持地方治安而设置。北魏早在道武帝时期(386—408年),就曾明令"诸州各置都尉以领兵"。

东魏、北齐兵制,大体上沿袭北魏。只是在高欢执政时期,实行夷、汉分兵制。高欢起事之初,主要依靠六镇鲜卑兵,后来又接管北魏"六坊"鲜卑兵的主要部分。高欢基本上实行的是以鲜卑人当兵打仗,汉人务农纳粮服杂役的做法。虽有少数汉人兵,但与鲜卑兵分开,单立一军,由汉人将领统率。高欢曾在丞相府设骑兵曹、外兵曹,统率中军和外军。高洋代魏称帝后,将丞相府下属诸司合并尚书省,只留下骑兵、外兵二曹,改立为省,命亲信将领任二省长官,掌管兵事,直归皇帝统御。北齐时,挑选鲜卑兵中勇力超群者组成军队,号称"百保鲜卑",以加强军队的战斗力。

两晋南朝的兵役制度,主要实行的是世兵制,或称军户制。由于当时门阀士族和地方豪强势力强大,他们在战乱中不断地扩充各类依附人口,侵占国家领民。为了保证兵士来源,从三国各政权开始,便把一部分民户强制变为军户,他们不入郡县民籍,另立军籍,归各军府管辖。三国时,各政权军户都相当多,如魏文帝曹丕一次欲徙冀州军户10万户至河南,因有人反对只徙5万户。曹魏军户皆为西晋所承袭。西晋统一后,有人建议一次徙军户4万户到平阳以北,防止匈奴人的叛乱。东晋政权偏安江南,军户减少,只好把各种罪犯充当军户。南朝刘宋时沈庆之伐蛮,前后共俘蛮20余万,并为"营户",也即军户。十六国政权基本上为部落兵制,本民族和其他少数民族男子多数为兵,组成强大的骑兵集团。有的少数民族政权建立时间较长的,也偶尔实行征兵制。北魏建国之初,主要实行部落兵制,后来也逐步实行镇户、府户即军户制。六镇兵民多是军户,经起义死亡流散之后,还有20余万。直到北周武帝时,还移并州军户4万户于关中。这个时期无论两晋南朝和北朝,都曾间行征兵制和募兵制,但世兵制始终是一种主要兵役制,这种兵制是为适应当时的战乱而设置的。军户子弟世代为兵,兵民分离,兵士一般是终身服兵役,父兄死亡,子弟替代。他们除战时打仗外,平时还要服各种苦役,因而兵士身份地位低贱;加之战争的摧残,南朝后期世兵制逐渐衰落,募兵制兴盛起来。

西魏、北周实行的是宇文泰建立的不同于东魏、北齐的府兵制。府兵制采取拓跋氏早期部落兵的形式,"以诸将功高者为三十六国后,次功者为九十九姓后,所统军人,亦改从其姓"。统兵官不论是汉人或其他族人,一律赐以鲜卑部落旧姓,其所统兵士亦从主帅改姓。又仿照拓跋氏早期八部大人制立八柱国大将军,宇文泰在此之前已为柱国大将军,都督中外诸军事,总领军队大权,另一柱国大将军为北魏宗室元欣,仅挂虚名,没有实权,所以实际领兵官是六柱国,各领一军,是为六军。各柱国大将军领兵8000人,总兵力近5万人。府兵仍由宇文泰统领。早期府兵包括鲜卑兵、关陇军户、"关陇豪右"所领乡兵,没有一般民户子弟。府兵另立军籍,不编入民籍,不负担赋役,平时半月宿卫,半月训练,轮流服役,战时出征。府兵制加强了官兵关系,提高了兵士的身份地位,增强了组织纪律性,因而大大提高了兵士的战斗力。北周武帝时,为扩大兵源,将府兵征召对象扩大至上等民户,后又扩展至一般民户。因为府兵可以免除赋役,人们纷纷应召,因而府兵人数急剧上升。至北周灭齐时,已拥有府兵20万人。隋文帝灭陈时,府兵激增至50万人。北周府兵制是我国古代的一种重要军制,为以后隋唐所沿袭,而且是唐帝国前期强盛的重要因素之一。

水军和骑兵的大发展

魏晋南北朝时期战争的兵种,同南北民族关系、地理条件和

西晋军营图壁画

气候是紧密相关的。由于长期南北对峙,东晋南朝立国江南,利用南方河流湖泊纵横的特点,大力发展水军。当时是我国历史上水军大发展时期,在战争中常使用舟师数万或十余万。而且由于南方军队作战总是离不开江河湖泊,因而即使步兵,一般也具有水军乘船战斗的技术。实际上南方水军和步兵是不可分的,水军登陆即成步兵,步兵上船便为水师,这类事例在战争中常见。东晋南朝的主力军队虽有步、水、骑等兵种,但以步、水军为主,骑兵数量较少。

水军的发展离不开各种战船和战舰,当时南方水军所用各类大小战舰,种类繁多。而战舰既需要载重量大,所装兵士多,又需要船身高,能控制制高点;还要求机动性强,便于向敌人冲锋。因此,这一时期既有载重量大和船身高的楼船,以及载重量大和冲击力强的艨冲大舰,也有灵活轻便的各类快船小舰,在水战中相互配合,形成水战船舰编制中的完整系统。西晋准备伐吴时，命令益州刺史王睿大造楼船，方120步，能载2000名兵士。船上以木为城起楼橹，开四道出门，其上能驰马往来。东晋末义军首领卢循等率水军沿长江而下，将士10余万，舳舻上千只，其中芙蓉舰千余艘，楼船百余只，"新作八艚舰九枚，起四层，高十二丈"。刘裕为与之抗衡，也"大治水军，皆大舰重楼，高者十余丈"。南朝后期，楼船的高度又有所增加。如梁末陆纳在湘州所造的青龙舰、白虎舰，舰高15丈，外用牛皮蒙舰身，以挡敌人的攻击。艨冲也是水军中的主要大型战舰之一，远望如山，可以冲没敌军小舰，在水战中屡显威风。艨冲小舰则是水战中常用的冲锋舰。刘裕伐后秦，王镇恶率水军逆渭水而上，乘艨冲小舰，行船兵士皆在舰内，"秦人见舰进而无行船者，皆惊以为神"。用于作战的各类小型船舰，据记载有斥候、先登、赤马舟、艋冲、飞云船、飞鸟船、苍隼船等等。斥候用于侦察敌情虚实。先登为水军前锋舰，以先登陷敌阵故名。艋冲用于冲击敌舰。赤马舟，其体赤色，疾如奔马。金翅、飞云、飞鸟皆形容其快速如飞，为冲锋型快速小舰。还有舠战船，两边有80棹，是棹最多的战舰，所以"去来趣袭，捷过风电"。

东晋初年杜弢起义水军中，新出现了一种"桔槔"机械，打没官军"（船）舰二十余艘，人皆投水"。南朝时桔槔发展为一种"拍"，常用于水战。拍即是利用杠杆的原理，以拍击敌方船舰的一种战斗机械。据杜佑《通典·兵典·楼船》条记载，拍乃是一种抛车，是利用杠杆原理抛射石块的远程发射武器，其威力很大。在南朝史籍中记大型战舰装置"拍车"时，有的就直接记为"抛车"。南朝时期比较高大的船舰上，普遍装置进攻性武器"拍"，使水战船舰进攻能力大为加强。如梁末徐世谱善水战，率水军拒侯景，乃造大舰、楼船、拍舰、火舫，以益军势。他在与侯景军一次决定性战役——赤亭湖之战中,"施拍纵火"。同时"章昭达乘平房大舰,中流而进",先锋"发拍中于贼舰"。章昭达平周迪、陈宝应于闽中,平欧阳纥于岭南,皆"装舻造拍",大破敌军。此外,侯安都征留异,异退岭谷间,安都因其山陇之势为堰,"起楼舰与异城等,放拍碎其楼雉"。淳于量等平华皎,"募军中小舰,多赏金银,令先出当贼大舰,受其拍。贼舰发拍皆尽,然后官军以大舰拍之,贼舰皆碎"。南朝水师中大批"拍舰"的出现,以及"拍车"进攻型机械在战争中被普遍使用,乃是水军发展的一种重要标志,而且"拍舰"作为水师战舰的主要装备,一直保留到宋代。

由于东晋南朝水军大发展,当时南方造船工业非常发达,无论朝廷或民间的造船工匠都相当多。有时出于战争的需要,可在短时期内突击造船,以达到突然袭击敌军的目的。如东晋末徐道覆义军在始兴准备北伐时,用原先保存的木材,尽力造船,只用了10多天时间,舟舰大备,义军10万,在湘江、赣水及长江中下游,曾大败东晋水军。刘裕为消灭义军,也是在短时间内便装建成重楼大舰,组成一支强大的水军,最后将义军消灭。前者为民间造船工匠装建,后者则为官府工匠装成。隋灭陈后,南方曾一度混乱,隋朝廷为镇压南方叛乱,曾下令禁止"私造大船,因相聚结,致有侵害",并将民间造船三丈以上的,全部没入官府。由此可见,南方民间和官府造船业之盛况,造船业的兴盛乃是水军发展的基础。

东晋南朝以来步兵和水军为主力部队,虽然在北方平原野战中难于同十六国北朝的骑兵抗衡,但可以充分利用步兵攻守城镇,以及水军在江河湖泊中作战的优势,加上步、水、骑等军联合作战的战略战术,以进行北伐或对抗十六国北朝骑兵的南进。

十六国北朝由于是少数民族入主中原,他们都属于游牧民族,骑马善射为其所长,因而这个时期是我国古代骑兵大发展阶段。骑兵发展的基础是畜牧业经济,十六国和北魏畜牧业经济都很发达,北魏先后有规模宏大的四个官办畜牧场,经常储备战马数十万匹,以备军国之用。十六国政权之间的战争,动辄有骑兵数万或十几万,最多时达数十万。前赵中央兵力近30万,后赵中央兵力50余万,主要由骑兵组成。前秦苻坚伐东晋,率"戎卒六十余万,骑二十七万",骑兵占总兵力的三分之一,为步兵的二分之一。北魏拓跋珪和拓跋焘平定中原时,常动用骑兵十几万,最多时达到40万左右。一个北方政权骑兵如此之多,在中国历史是少有的。

骑兵大发展的另一个特点,乃是重装甲骑兵的出现。所谓重装甲骑兵,就是人和马都披铁甲的骑兵,当时称"甲骑"或"铁骑"。这种骑兵具有较强的防护力和集团冲击力,在对没有装甲的轻骑或步兵做正面突击时,具有相当大的威力。据文献记载

魏晋骑兵出行图壁画(嘉峪关出土)

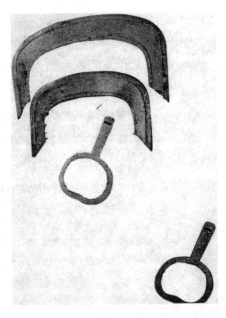

鎏金鞍桥和鎏金马镫

和考古材料证明,人的甲胄在春秋战国以前就有了,而马的防护装备,在汉代才有皮革制的"当胸",汉末正式出现了马铠。如袁曹官渡之战时,袁绍有马铠300具,曹操不足10具,可见当时马铠还很稀少。但只隔10年之后,曹操与马超战于潼关时,曹军已有铁骑5000了。十六国北朝马铠有较大的发展,当时称为具装铠,已在骑兵部队中占有相当大的比例。据记载,在十六国北朝的战争中,铁骑常常成千上万,甚至有数万用于战场。如石勒在襄国之战中,大败鲜卑段疾六眷,击溃其骑兵5万,"枕尸三十余里,获铠马五千匹"。这里铁骑数为骑兵总数的十分之一。刘琨遣箕澹率军10余万讨石勒,澹大败,率千余人逃走,石勒获其铠马万匹,铠马数占总兵力的十分之一。前秦苻坚派吕光定西域,率步骑 7 万,铁骑 5000,铁骑数占总兵力的十四分之一。苻坚南伐,在让晋军渡过淝水时曾说:"我以铁骑数十万向水,逼而杀之。"当时苻坚骄横,这个铁骑数有所夸大,但至少表明秦军铁骑为数不少。东晋桓石虔战败前秦名将梁成,俘获其马数百匹,有具装马铠 300 领。桓伊在淝水之战中,缴获前秦马的具装铠百领,步铠 500 领。从以上两种数字比较看,前秦战马配具装铠的比例是相当高的。十六国后期南燕有步卒 37 万,"铁骑五万三千",铁骑数占总兵力的八分之一。刘裕伐南燕,燕军 9 万之众抵御,其中有"铁骑万余",铁骑数约占总兵力数的九分之一。当时,姚兴扬言"当遣铁骑十万",以助南燕。此虽威慑之词,不足为据,但也反映后秦军队中铁骑不少。西秦鲜卑乞伏乾归时,共有军队约 7 万人,全为骑兵,有铁马 6 万匹,足见其骑兵几乎全为铁骑,这大概属于特例。

  铁骑在兵种中虽特具优越性,但其最大的弱点在于人和马匹的负担过重,降低了骑兵特有的快速性和机动力。因而从当时的战例来看,一方面是发挥铁骑在阵地战关键时刻以正面冲锋和侧击作用;另一方面是利用轻骑兵的优势,轻骑兵机动灵活,既具有冲击力,又能随机变换队形,还能快速远程袭击敌人。北朝常用轻骑兵远程袭击的战法,乘敌人不备予以歼灭。当时轻骑兵远征,常备"兼马",或称"马皆有副",即每个士兵有正马和副马两匹,在长途奔袭中两匹马互换,可一直保持进军的高速度,而且在军粮缺乏之时,还可杀副马以充饥。十六国北朝的骑兵,无论在数量和装备质量上都大大地超过了前代。骑兵作战的特点有两条:一是行动快速,二是冲击力强。这对于以步兵为主的汉族封建政权来说,显然具有绝对的优势,所谓"以步击骑,终无捷理",或说"我步彼骑,其势不敌"。十六国匈奴刘渊和羯

北周甲马武士俑

陶武士俑

南朝甲马武士画像砖

人石勒就是靠骑兵摧毁西晋中央军和地方军,从而建立起前赵和后赵政权的。北魏政权也是靠强大的骑兵集团的快速性和冲击力,在野战中横扫华北平原和关中盆地,无可抗御地统一了中原地区。但在攻城略地和守卫疆土方面,显然步兵占有优势,所以无论十六国和北朝,各族统治者在建立政权的后期,便开始发展步兵,一般是建立步骑混合,而以骑兵为主的合成部队,作为国家政权的主力军队。

关于东晋南朝同十六国北朝之间的战争形势,当时人论述颇多。他们认为"与贼水陆异势,(军队)便习不同",又说"夫地势有便习,用兵有短长,胡负骏足,而平原悉车骑之地,南习水斗,江湖固舟楫之乡",这是指南北军队各有优势和劣势。在北方平原作战,以骑兵占优势,南方水、步军处于劣势;在南方水乡征战,则水、步军占优势,而北方骑兵处于劣势。再者,北方骑兵行军速度快,冲击力强,故长于野战,短于守城;而南方水、步兵则善于攻城和守城,却短于野战。战争的目的不仅是在野战中取胜,还有攻城略地扩大疆土,也即攻城守土问题。所以从战争整体看,南北军队所便习,各占其半。例如南朝刘宋元嘉二十七年(450年)宋、魏间的战争,开始时刘宋利用夏季河渠水涨之机,大举北伐,北魏处于守御和退却地位。当入秋以后,魏主拓

西魏步骑对阵图

跋焘统率号称百万雄师反攻时，宋军节节败退，魏军连过宋境青（治东阳）、冀（治历城）、兖（治瑕丘）、徐（治彭城）、豫（治寿阳）、南兖（治广陵）六州之地，一直打到长江北岸瓜步（今江苏六合东南瓜埠），但无强大水军，很难越过长江天堑，而且后面有刘宋六座坚城未破，随时有可能腹背受敌。正由于六州首府和其他一些重要军镇据守，所以魏军除对宋境进行破坏外，无法实现占领六州土地，而且在攻城中"死伤过半"，损失严重，最后只能退师，实际上寸土未得。

由于南北地形各异，军队便习不同，加之北方少数民族耐寒恶热，南方汉人耐热恶寒，所以东晋南朝每次北伐，总是利用夏季河渠水盛之机，既可利用水师开道，由江、淮进颍、泗、汴、济水而入黄河，又可利用水道运输军粮物资，并发挥步、水、骑联合作战的优势。北方政权反攻或南伐，却总是在秋冬之际，秋凉马肥便于骑兵进攻，且入冬后河水结冰，不利南方舟师，而利于北方骑兵部队过河冲击。当然，上面乃是就南北方整个军队情况、地理环境和气候等相关条件而讲的。实际上，南北双方战争的胜败还与统帅指挥的战略战术密切相关。如东晋谢玄指挥的与前秦的淝水之战，刘裕灭南燕和后秦，不仅都是水步军战胜骑兵，而且有的还是以少胜多，这与谢玄和刘裕指挥战争时在战略战术上的正确谋略密切相关。

套城和长城的防御体系

在刘宋元嘉二十七年（450年）宋、魏间的战争中，魏主拓跋焘攻打刘宋徐州州府彭城（今江苏徐州）时，使尚书李孝伯与刘宋徐州刺史刘骏、长史张畅遥相对话时曾说："城守君之所习，野战我之所长,我之恃马,犹如君之恃城耳。"李孝伯指出的北方骑兵长于野战,南方步兵善于守城,以及北人"恃马",南人"恃城"的特点,正好表明南北双方步兵和骑兵各有优劣。东晋南朝政权为了防止十六国北朝骑兵的南侵,特在长江以北的一些重要州郡治所修筑套城,即内外两道城墙,还在外城以外加筑马面,形成三道防线,以对付十六国北朝的骑兵。

(一) 魏晋南北朝时期的套城

我们在充分掌握了有关文献和文物考古资料后,发现在魏晋南北朝时期有37座内外套城,即长安城、邺城、平城、洛阳、广固城、东阳城、东武城、历城、费县城、彭城、下邳城、碻磝城、悬瓠城、滑台城、中山城、枣强县城、河阴郡城、定阳郡城、宿预城、寿阳城、西硖石城、宛城、晋阳城、同州城、南郑城、允吾城、枹罕、乐都、统万、怀朔镇、江陵城、广陵城、襄阳城、齐昌郡城、合肥城、江夏郡城、鄱阳城。其中有35座均在长江以北,只有鄱阳、江夏二城在长江以南。其分布区域很广,包括今天的江苏、山东、安徽、江西、湖北、河南、河北、内蒙古、山西、陕西、甘肃、青海等省和自治区,说明套城主要是当时北方城市普遍采取的一种建筑形制。

在上述全部套城中,有6座都城,23座州治,其中广固、中山、枹罕、江陵这4座曾一度为都城。其余郡治3座,县治3座,军用城2座。都城是一国的政治军事中心,州、郡治是地方政治军事据点。所以当时的割据战争,南北统一战争,农民起义,其攻击目标,一般总是由县、郡、州治发展到都城,而套城的建筑主要在于加强防御措施。而且套城建筑的绝对年代大多在西晋末以后南北对峙时期(共29座),建筑原因多出于军事政治的需要,建筑地区除江夏、鄱阳两城外全部在长江以北,又集中在淮水南北和黄河中下游战争频繁地带(21座)。套城是一种重要的军事工程,它有内城、外城、马面等三道防线,是适应当时战乱的形势而发展起来的,在建筑上十分讲究科学性和坚固性。我们以著名的统万城为例,来说明古代劳动人民在筑城时所表现出来的聪明才智,以及城垣的坚固程度和军事价值。大夏军事工程专家叱干阿利设计建筑统万城,役使各族人民10万,用"蒸土筑城",以铁锥刺土,检验是否牢固。只要刺进1寸,便将民工杀死。这既说明封建统治者的残暴,也表明对套城建筑质量的严格要求。直到北魏末年统万城"雉堞虽久,崇墉若新"。经现代科学化验鉴定,统万城土的主要成分是石英、黏土和碳酸钙。石英即砂粒,碳酸钙是石灰(氧化钙)吸收二氧化碳而成。砂、黏土、石灰加水混合成三合一,石灰遇水,体积迅速膨胀,挤压砂土,使之紧密结合,质极坚硬。所谓"蒸土筑城",乃是生石灰加水变成熟石灰(氢氧化钙)释放出大量的热气,蒸雾腾空的形象描述。统万城的城垣、隅墩、台基,均用夯版筑成,至今夯层仍能辨晰,规整致密,有如石砌砖叠一样周正。夯层厚约15厘米至20厘米,凡要害处如城门道,隅墩拐角处,夯层趋薄,每层厚约12厘米至14厘米,最薄有7厘米者。城墙之坚"可以砺刀斧"。城基厚约16厘米,可以推想城墙之厚。城角礅最高有达31.6米,数十里外就能看到。

当时以砂、黏土、石灰三种原料,用夯版筑城,可能比较普遍。如怀朔镇城土质的黄胶泥掺杂白色细砂,非常坚硬。白色细砂,显然包括石灰和砂粒在内。洛阳城城垣的建筑也是如此,城垣上的一排排的版筑夹棍眼的痕迹,至今仍清晰可见。

统万城城址四面还加筑马面,各垣长度不同,马面有多有少。宋代陈规《守城录》二《守城机要》说:"马面,旧制六十步立一座,跳出城外,不减二丈,阔狭随地利不定,两边直觑城脚,其上皆有楼子,所用木植甚多。"宋代科学家沈括在《梦溪笔谈·官政》曾强调十六国赫连勃勃所筑的延州丰林县城在军事工程方面"深可为法",其"紧密如石,凿之则火出。其城不甚厚,但马面极长且密……若马面长则可反射城下攻者,兼密则矢石相及,敌人至城下,则四面矢石临之。须使敌人不能到城下,乃为良法"。据考古勘测,汉魏都城洛阳城周分布着马面遗址。从清理马面的情况看,它始建于魏晋,北魏加宽城墙时又曾予以增筑。又据近年邺城发掘,其马面成"门"形,下面空着部分接城垣,其余三面与城垣同高。它不仅保护城垣,而且守城者可在马面楼上射杀两边城垣下的敌人,使攻城者不能接近城垣,无法直接攻城。不仅洛阳、邺城、统万有马面,连丰林县小城也有马面,看来当时有军事价值的城,可能不少筑有马面。内外套城加上马面,在军事工程上等于三道防御工事。攻城者首先要攻破第一道防线马面,才能进攻第二道防线外城,即便攻破外城,还有第三道防线内城可守,极有利于防御战。

　　我们可以结合发生在上述部分套城的攻守战,来看看内外套城的坚实程度及其在战争防御中的重要地位。前凉永乐元年(346年)四月,后赵将麻秋率8万大军进攻枹罕城,前凉宁戎校尉张据"固守大城"。麻秋率军围城数重,"云梯地突,百道皆进;城中御之,秋众死伤数万"。石季龙又增派步骑2万助战,仍攻城不下。麻秋退兵后谓诸将曰:"我攻城略地,往无不捷。……及攻此城,伤兵挫锐。殆天所赞,非人力也。"石季龙也叹曰:"吾以偏师定九州,今以九州之力困于枹罕,真所谓彼有人焉,未可图也。"枹罕为前凉东南重镇,麻秋久攻不下,兵疲将老,遂为前凉将谢艾所败。这次枹罕防守战的胜利,使得后赵灭亡前凉的企图未能实现。

东晋义熙五年（409年）六月，刘裕北伐围广固，攻破外城后，慕容超"退保小城（内城）"。刘裕设长围守之，围高三丈，外穿三重堑。当时河北居民荷戈负粮至者，日以千数，而且城内男女"出降者相继"，好像内城破在旦夕，但晋军竟攻城不下，"死没者甚众"。刘裕后得慕容超尚书郎张纲，此人有巧思，造冲车，又为飞楼、悬梯、木幔之属，遥临敌城，"城上火石弓矢，无所用之"。即便如此，广固内城仍久攻不破，最后由于南燕尚书悦寿"开门纳晋师"，刘裕才攻破广固内城。这次南燕都城广固内城攻守战，双方相持了整整8个月。

在刘宋元嘉二十七年（450年）七月至元嘉二十八年（451年）二月的宋、魏战争中，魏主拓跋焘率军南下，直过青、冀、兖、豫、徐、南兖六州之地，达长江北岸瓜步。尽管魏军众号百万，但只是"残破六州之生聚耳，六州城守未尝破也"。像青州东阳、冀州历城、豫州寿阳、徐州彭城、南兖州、广陵等套城，以及其他一些重要军镇，魏军始终不曾攻破。正由于六州州治和重要军镇拒守，所以魏军除了杀戮人民和破坏生产外，无法占领六州土地和人民，而且在攻城中"死伤亦过半"，最后只能撤退。假如不是六州主帅守将凭套城抵抗，那么，在这次战争中六州必然为魏军所占领。

萧齐建武四年（497年）九月，北魏孝文帝南征，首攻南阳郡宛城，外城被攻破，萧齐南阳太守房伯玉"婴内城拒守"，魏军久攻不下。孝文帝留太尉咸阳王元禧继续攻打宛城，自率军至新野，太守刘思忌固守。十二月，魏军南临沔水，孝文帝以背后两城未下，惧怕腹背受敌，不敢继续南进，回军新野。永泰元年（498年）正月，魏军攻破新野郡，再退兵攻南阳；二月，宛内城才被攻破，房伯玉守宛内城整半年。恰逢魏北部高车"反叛"，以及洛阳"共掌留务"的李冲与李彪发生冲突,孝文帝决定退兵。北魏虽兴师动众,实无所获。如果不是宛城和其他军事要镇长期坚守,那么,在半年多的时间内,战争发展将对南齐极为不利,则是可以肯定的。

北魏孝昌二年(526年)正月,鲜于修礼起义后,定州刺史杨津守中山。杜洛周和鲜于修礼两支义军,相继围攻中山,长期不能攻下。杨津守中山城整两年,最后还是由杨津长史李裔"引贼逾城",中山才被义军攻破。定州地处河北腹心地带,此州一破,定、冀、相三州连成一片,义军军威大振。紧接着,不过三个多月,瀛州、沧州、东冀州或被迫投降,或为义军所攻克。河北义军无后顾之忧后,很快便挥师南下,直指北魏京都洛阳。由此可见,杨津固守中山套城两年,对于阻遏河北义军势力的发展,保卫北魏京城,起着极为重要的作用。

魏晋南北朝发生在套城的著名攻守战例较多,仅上述五例足以说明魏晋南北朝时期的内外套城,在战争中无论从战术和战略的角度讲,都不可忽视,有时甚至对于战争全局的胜败起着重要的作用。特别是南朝对付北方少数民族"习于野战,未可攻城"的强大骑兵来说,更是有效的防御措施。同时,在长期分裂割据和商品经济萎缩下,套城的较多出现,从一个侧面说明城市政治和军事的特征显著增强,而经济和文化两方面则相对地减弱了,可以说这是魏晋南北朝战乱时期城市发展的特点之一。

(二)北朝长城的防御功能

北魏、东魏、北齐、隋等北朝政权为了抵御北方和西北柔然、库莫奚、契丹、突厥、铁勒、伊吾等少数民族的侵袭,沿袭秦朝修筑长城的传统做法,都曾多次长期修筑军事防御工程——长城。北朝历代修筑长城有里数可计的,便有9900余里。当时长城从今山海关向西,经我国北部疆域,再经西北边陲,直至今青海西宁土楼山一带。

我国历代筑长城的材料和技术,随着科学的进步而发展。北朝在长城建筑史上属于中期阶段,其筑城技术比早期似有较大的进步。北齐天保末,卢询祖为筑长城子使时,其《筑长城赋》曾说:"板则紫柏,杵则木瓜,何斯材而斯用也。"卢氏的怀才不遇之叹,却透露出北朝筑长城时所采用的材料和技术。所谓"板"者,指用夹板夯土筑长城,"杵"者,指夯土用的小杵。北齐斛律光曾监筑长城,史载其"少言刚急,严于御下……版筑之役,鞭挞人士,颇称其暴"。所谓"版筑之役",也是指用夹板夯土筑长城。当时夯版筑城,其主要材料是黏土、沙子和石灰,偶尔也用石料。因这些材料随处可取,便于节省劳力和开支。十六国北朝战乱频仍,由于战争的需要,大筑军事城防,因而筑城技术显著提高。当时以黏土、沙、石灰三种原料,用夯版筑城较为普遍。

中国古代北方少数民族南下的骑兵"长于野战,短于攻城"。《孙子兵法》认为,用兵"攻城为最下之策,乃不得已而为之"。长城就是在这种军事思想指导下修筑起来的,主要用于军事防御。实际上,长城在军事上的地位极为重要,它起着防御和进攻两方面的作用。其防守警报系统,长城内外军需供应和屯田以及防御或必要时进攻战术战略,都十分严密。如各段置戍逻所、烽燧台(有敌在夜间举烽火,白天起狼烟),长城防守驻军守关口险要,长城北常派候骑等密探少数民族军情,重兵分段驻扎在长城军事要道的南北等,都是驻守长城的军事常规举措。北魏筑长城后据军事防御体系需要,又沿长城南置六镇,由镇将率兵把守,实际上长城和镇戍是防御和进攻的配套军事工程。

以后北齐和隋筑长城大体也是如此。当国内有事,则对敌人采取守势;当内部无事军事力量强大时,北方少数民族南下,马背上一般最多只能带半月军粮,一旦粮尽疲弊退兵时,我军则可乘势追击,歼灭敌人。更重要的是,可随时根据长城以北密探所报军情,确知某部少数民族驻在何地,长城内外所驻重兵则乘其不备,或轻骑突击,给敌人以重创,或数路包抄,以便全部歼灭敌人。长城镇戍军事体系,在战略战术上,根据军事形势,采取攻守相兼的灵活多变策略。

如北魏神䴥二年(429年)四月,在柔然屡次"犯塞"("塞"通常指长城)下,太武帝拓跋焘据候骑探报,以柔然归缩老巢,决定大举北伐,率平阳王长孙翰从东西两道"期同会贼庭(指单于庭)"。五月,柔然主大檀无备,"闻之震怖,将其族党,焚烧庐舍,绝迹西走,莫知所至"。太武帝"分军搜讨,东至瀚海,西接张掖水,北渡燕然山,东西五千余里,南北三千里。前后归降三十余万(落),俘获首虏及戎马百余万匹"。八月,当魏军返漠南时,候骑又报"高车(敕勒)部在巳尼陂,人畜甚众,去官军千余里"。太武帝立即遣左仆射安源等乘势讨之。敕勒诸部以魏军征柔然无备,闻魏军骤至惊骇,"高车(敕勒)诸部迎降者数十万落,获马牛羊百余万"。太平真君五年(444年),太武帝西征沮渠牧健,以长乐王稽敬,建宁王拓跋崇等率2万人镇长城南,以备柔然。柔然主吴提犯境,其兄乞列归与北镇诸军相守,敬、崇等与乞列归大战于阴山,破之,生擒乞列归,"获其将帅五百人,斩首万余级"。这是镇兵有备,反攻获胜。文成帝拓跋濬兴光元年(454年),北镇镇将房杖击柔然,虏其将豆浑与句等,获马千余匹。这是镇将主动出击,打击柔然军。文成帝和平五年(464年)七月,柔然主予成新立,"率部侵塞,北镇游军大破其众"。

这是长城防御系统自行破敌，取得重大胜利。孝文帝元宏太和三年（479年）"冬十月，蠕蠕（柔然）率骑十万南寇，至塞而还"。这是柔然南侵军惧长城难攻，自行撤军。

又如北齐黄栌岭至社干戍段长城，置36戍，主要针对当时河西地区的山胡。山胡乃魏齐时期各种杂胡（如屠各、卢水胡、稽胡、铁弗、支胡、匈奴、西域胡等）的总称，"自离石以北至河曲一线，方七八百里，居山谷间，种落繁炽"，其势力强大，常为寇患。上段长城筑好后，戍守甚严，山胡屡犯未能得逞。高欢时曾两次大破山胡，但其势不衰。北齐天保五年（554年）正月，文宣帝高洋依凭此段长城，乘山胡无备，居中从离石道（今山西离石区），与咸阳王斛律金从北面显州道（今山西原平市）、常山王高演从南面晋州道（今山西临汾）三道"犄角夹攻（黄河东岸山胡），大破之，斩首数万，获杂畜十余万，遂平石楼（今山西石楼县）。石楼绝险，自魏世所不能至。于是远近山胡莫不慑服"。北齐从天保三年（552年）到天保六年（555年）四年内，文宣帝亲率大军共北讨各少数民族10次，其中库莫奚1次，山胡3次，契丹1次，突厥1次，柔然4次。在此10次战役中，由少数民族入侵引起北齐军反攻的共5次，为解除北境边患，齐军主动北伐的共5次。自从天保六年（555年）至天保七年（556年）大修长城，"率十里置一戍，其要害置州镇凡二十五所"以后，由于镇守严密，而且北齐建立北部州刺史兼长城诸镇诸军事制。如天保八年（557年）赵郡王高睿为北朔州刺史，都督北燕、北魏、北恒三州，及库堆（戍名，在幽州北面）以西黄河以东长城诸军事。这样便于指挥对少数民族侵犯的防守和反攻，因此从天保八年（557年）以后到北齐灭亡（577年），各少数民族多遣使朝贡。这不仅显示北齐长城镇戍建置有方，而且突出表现了长城对北部少数民族防御的威力和作用。隋炀帝在西段长城防御体系建立后的第二年,亲率大军凭长城险要,降伊吾,重创吐谷浑,在西北边陲建立新的四郡和相关镇戍,这对于隋代西北边防的稳定起了突出作用。

诸葛亮的军事思想

国家是阶级斗争不可调和的产物,而军队是国家政权的重要组成部分。诸葛亮对于军队和国家政权的关系,认识是比较清楚的。他首先就指出"治军之政……所以存国家安社稷之计","国以军为辅……辅强则国安,辅弱则国危"。就是说,军队是国家政权的支柱,是用来保卫国家政权的,军队的强弱关系到国家的安危。关于军队对内外的两大职能,诸葛亮明确地指出"治军之政为治边境之事",即对外反对侵略;对内"匡救大乱","诛暴讨逆"。他所谓的"匡乱"和"讨逆",主要是指镇压农民阶级的反抗,以维护地主阶级的统治,同时也包括反对地主阶级内部的分裂割据,以维护国家的统一。

军队既然是保卫国家政权的,其对内对外职能决定了军队建设关系国家的安危,诸葛亮进一步产生了关于战备的观点。他在儒家"不备不虞(不事先准备),不可以师""豫备无虞(事先准备),古之善政"的思想影响下,十分强调居安思危、有备无患的战争原则。据此,他得出一个极为深刻的结论:"夫国之大务,莫先于戒备。"一个国家政权最紧要最重大的任务,是从事军队建设,在军事上做好防御,随时准备反对内外敌人的颠覆和侵略。

关于战争胜负观,是军事学上一个带根本性质的问题。诸葛亮在分析战争胜负时说:"古之善用兵者,揣其能而料其胜负,主孰圣也？将孰贤也？吏孰能也？粮饷孰丰也？……形势孰险也？宾客孰智也？邻国孰惧也？财货孰多也？百姓孰安也？由此观之，强弱之形，可以决矣。"他又说"若用贤授能，粮食羡余，甲兵坚利，四邻和睦，大国应援，敌有此者，引而计之（退避待机进攻）"，"凡师老粮绝，百姓愁怨，军令不习，器械不修，计不先设，外救不至，将吏刻剥，赏罚轻懈，营伍失次，战胜而骄，可以攻之"。在这里，诸葛亮把政治、经济、军事、外交、地理、民心背向、将领指挥才能、兵士的战斗力等等，有关决定战争胜负的主客观诸条件，全部包含在内了。

关于治军思想，诸葛亮认为，治军必须把"教化"和"严刑赏罚"这二者结合起来。他认为要"教之以礼义，诲之以忠信，诫之以典刑，威之以赏罚"。他要求将领士兵要"见利不贪，见美不淫，以身殉国"，不图个人的私利和安乐，而要绝对地忠于蜀汉政权，维护地主阶级利益。

诸葛亮特别强调，治军要严于法纪，赏罚分明。他认为"赏罚不明，法令不信，军队纪律不严，不听从指挥，虽有百万之师，无益于用"。他规定了50多项违反军纪的行为，都必须处以斩刑。同时，他反复指出赏罚分明对于提高军队战斗力的极端重要性，"赏于无功者离，罚加无罪者怨"，因而要"赏赐不避怨仇""诛罚不避亲戚"。这些都是为了建立一支号令统一、纪律严明、英勇战斗的军队，以战胜敌人。

诸葛亮在治军中对将领的选择和要求，是非常严格的。他认为最理想的将领，除了在"教化"中提出的要求外，还要"上知天文，中察人事，下识地理"，有高超的驾驭战争规律的能力，做到"奇变莫测，动应多端，转祸为福，临危制胜"。同时强调官兵要团结，将领与兵士要同甘共苦，将领和兵士要"同寒暑，等劳逸,齐甘苦,均危患分"。他反对将领压迫士兵,只有这样,士卒才听从指挥,英勇杀敌,所向必胜。

治军必须认识兵士在战争中的重要地位,从而重视整个军队的建设,提高整个军队的战斗力,而不只是着眼于将领的选拔或武器装备上。对此,诸葛亮有较详尽地论述。他说:"有制之兵,无能之将,不可以败;无制之兵,有能之将,不可以胜。"所谓"有制之兵",是指兵士战斗力强,将领指挥才能差一些,不一定打败仗;否则,兵士战斗力弱,将领虽有指挥才能,不一定能打胜仗。这里,诸葛亮突出了训练有素、纪律严明而战斗力强的军队,在决定战争胜负中的主导作用。

在战争指挥的原则上,诸葛亮认为战前必须要有充分的准备。他把作战有无准备,同能否发挥兵士的积极性联系起来。他说:"故三军之行,不可无备;战士能勇,恃其备也;无备,虽众不可恃也。"有准备的战士才有信心,杀敌才勇敢。如果没有准备,军队虽多,也不一定能打胜仗。他又说:"无恃敌之不至,恃我之不可击;先计而后动,知胜而后战。"每战必须力求有充分的准备,力求在敌我条件对比下,确有胜利的把握,而不打无准备之仗,不打无把握之仗。同时要求将领指挥战争,必须"知彼知己"。他指出,将领要"善知敌之形势,善知进退之道,善知国之虚实,善知天时人事,善知山川险阻"。这可算是对"知彼知己"的具体解释,对于敌人各方面的情况,敌我国家的强弱,将领指挥才能,兵士的战斗力,天象气候的变化,地形的利用,进攻退守的时机,都要善于了解和掌握,据此去决定自己克敌制胜的战争行动。

诸葛亮指出,在战争中必须力争主动和优势,集中力量打歼灭战,反对打消耗战。怎样争取主动和优势呢?他认为必须"以近待远,以逸待劳,以饱待饥,以实待虚,以生待死,以众待寡,以胜待衰,以伏待来","见其虚则进,见其实则退"。总之,要"从生(使我处于有利地位)击死(使敌处于不利地位),避实击虚"。这样,使自己处于主动和优势,使敌人处于被动和劣势。他已经朦胧地意识到打歼灭战的作战原则,指出在战争中要"击崩若摧,合战如虎;战如河决;势不虚动,运如圆石从高坠下,所向者碎,不可救止"。打起仗来,要像摧枯拉朽一般,全部毁灭敌人,像猛虎那样一下把敌人吃掉;或者像黄河决口,汹涌澎湃,把敌人全部淹没;或者像巨石从高压下,把敌人压成粉碎。

在战争中,敌我双方强和弱、优势和劣势、主动和被动,都是千变万化的,所谓"兵无常势"。诸葛亮指出"善将者,必因机而立胜;夫必胜之术,合变之形,在于机也"。所谓"机",是指战争中的灵活性,指挥战争必须随机应变,夺取胜利。要"攻其无备","出其不意"。这些都是指,在战争中要变化莫测,见机而

三国八阵图遗址

成都新牟八阵图土垒

作,不能拘守一格。在战争瞬息万变之时,要掌握其客观规律,尤其困难。所以诸葛亮指出,不管敌我形势怎样变化,总要"因人之势以伐恶……因人之力以决胜",必须充分发挥人的主观能动作用,利用敌人的弱点,发挥自己的长处,以战胜敌人。

在每次战役上,诸葛亮十分讲究"气势"和"神速",多次说明"气势"在战斗中的重要性。他说:"士无气势……虽有百万之众,而敌不惧。"又说:"计谋欲密,攻敌欲疾;静如强弩之张,动如机关之发,所向者破,而劲敌自灭;退若山动,进如风雨。"这都是说,要以压倒敌人的英勇气势,迅猛异常,敢冲敢打,一举消灭敌人。

古代作战,很重视阵法。阵法相当于现代的战斗队形和战法。由于生产的发展,军队装备的复杂,兵种的增多,军队数量的扩大,战争规模也相应地增大,同时战争地域增广,地形复杂多样，因而从春秋战国到三国时期，阵法也在不断地发展变化。陈寿说，诸葛亮"推演兵法，作八阵图，咸得其要"。诸葛亮大概根据东汉窦宪的"八阵法"，推演改善为"八阵图"，成为古代作战阵法的一种新创造。在以后历代的实战中，兵家对八阵图很重视。八阵图法，就是在进攻退守、驻营行军中，一方面注意队形战法奇正变化的无穷；另一方面所有的营垒井灶厕所屏障，都按一定的阵法战法法度兴建，随时进可攻，退可守。西晋马隆用八阵图法收复凉州，北魏刁雍采用诸葛亮八阵图抵御柔然，唐代李靖对唐太宗说，六花阵原出诸葛亮八阵法。西晋李兴说："推子（诸葛亮）八阵，不在孙吴（孙吴兵法所没有）。"这是指诸葛亮对阵法的推演创造，发展了孙吴兵法。诸葛亮创造八阵法，发明神弩弓矢及运输军粮的木牛流马等，都是针对北方骑兵作战的。

诸葛亮在治理蜀国时期，坚定地贯彻"夫国之大务，莫先于戒备"的战备主张，以及"兴战必用众心"的战争原则，无论政治、经济、军事、外交都服从于这个总目标。练兵讲武，治理军队，同时务农殖谷，为军事行动打下雄厚的物质基础，因而蜀国在三国中虽然力量最弱，但在针对强魏的军事斗争上，却一直处于主动地位。历史经验证明，只要政治和军事路线正确，在精神和物质上做到充分准备，积极进取，而不是消极防御，弱者不但能够对抗强者，而且还能取得一定的胜利。

夷陵之战与《隆中对》

蜀、吴夷陵之战，是三国形成中的三大战役之一。假如说官渡之战决定了北方的统一，赤壁之战形成了南北的对峙，那么夷陵之战便最后促成了天下三分的形势。

重庆奉节白帝庙

建安二十四年(219年),孙权乘蜀汉荆州守将关羽率军北攻襄阳、樊城,与曹魏大军激战不已,造成后方空虚之际,派遣大将吕蒙"白衣渡江",袭占关羽的后方基地江陵。关羽闻讯后仓猝率军回救,结果兵败被杀,孙权遂占有了整个荆州,吴、蜀联盟关系破裂。章武元年(221年),刘备不顾臣僚反对,决定进攻东吴。七月,刘备亲率大军东进,前军4万人在巫县(今重庆巫山北)初战告捷,随即占领秭归。章武二年(222年)正月,蜀国水军屯驻夷陵,占领长江两岸。孙权命陆逊为大都督,率军5万迎战。二月,刘备自秭归率诸将所统军队向前推进,连营数百里,前锋屯驻夷道(今湖北宜都)和猇亭。陆逊据守有利地形,坚持以逸待劳,采取防御方针,不与蜀军决战。吴、蜀两军在夷陵对峙数月。闰六月盛夏,正值酷暑时节,暑气逼人,蜀军将士不胜其苦。刘备无可奈何,只好将水军舍舟转移到陆地上,把军营设于深山密林里,依傍溪涧,屯兵休整,准备秋后再战。陆逊见蜀军营帐皆集丛林之中,便采取火攻蜀军连营的作战方法。决战开始后,陆逊即命令吴军士卒各持茅草一把,乘夜突袭蜀军营寨,顺风放火,蜀军大乱。陆逊率领诸军全线出击,连破蜀军40余营,阵斩张南、冯习及沙摩柯等将领;蜀将杜路、刘宁等纷纷投降。蜀军溃不成军,大部死伤或逃散,车、船和其他军用物资丧失殆尽。刘备乘夜突围逃遁,行至石门山(今湖北巴东东北),被吴将孙桓部追逼,几乎被擒,后卫将军傅肜等被杀。后依赖驿站人员焚烧溃兵所弃的装备堵塞山道,才得以摆脱追兵,逃至白帝城(今重庆奉节东)。次年(223年)四月,刘备恼羞于夷陵惨败,一病不起,亡故于白帝城。蜀国夷陵之战失败后,再也无力夺取荆州,以后50余年三国鼎足而立的局面真正形成了。由于孙权最终取得了荆州,因而在以后三国对峙中,吴国的国力居第二位,蜀国的国力最弱,以后魏、吴、蜀三国政治和军事形势的发

襄樊古隆中

展变化,都受到这种国力强弱的影响。

蜀国一改以往联吴政策大举伐吴的原因究竟是什么？这必须从蜀国的政略方针谈起。早在建安十二年(207年)十一月,诸葛亮分析了曹、孙两大势力暂时不能消灭的形势后,便为刘备定下了如下的政略和战略方针：

> 荆州北据汉、沔,利尽南海,东连吴会,西通巴、蜀,此用武之国,而其主不能守,此殆天所以资将军,将军岂有意乎？益州险塞,沃野千里,天府之土,高祖因之以成帝业。刘璋暗弱,张鲁在北,民殷国富而不知存恤,智能之士思得明君。将军既帝室之胄,信义著于四海,总揽英雄,思贤如渴；若跨有荆、益,保其岩阻,西和诸戎,南抚夷越,外结好孙权,内修政理；天下有变,则命一上将将荆州之军以向宛、洛,将军身率益州之众出于秦川,百姓孰敢不箪食壶浆以迎将军者乎？诚如是,则霸业可成,汉室可兴矣。

这便是为人们千古赞赏的《隆中对》。其内容概括起来说,就是为了要达到恢复汉室、实现统一的最终政治目的,必须分两步走：第一步夺取荆、益二州为根据地,改革内政,外结孙吴,积蓄经济和军事实力。第二步待时机到来,一路从荆州向洛阳,一路从汉中出潼关,以钳形攻势争夺中原。从此,《隆中对》便成为刘备进行政治、军事斗争的指导思想。《隆中对》对当时天下形势和主、客观条件的分析,对打破割据势力最薄弱的环节和建立根据地的建议,以及对主要敌人和争取团结的对象的分辨等等,无疑都是正确的。

但其中也有问题,那就是对于孙权方面也在积极准备实现统一的形势认识不足,从而对荆州与孙权的关系看得不透彻,以致把荆州作为蜀国实现统一的一个战略据点。荆州在吴国经济上和向外发展上至关重要。从地理形势上看,荆州在扬州上流,它关系到吴国的安危,可以说没有荆州便没有吴国,所以孙吴势所必争。孙吴军政最高层主要决策人物,如周瑜、鲁肃、甘宁、吕蒙等对吴国的军政发展,都主张由建业西上与蜀争夺荆州,而不是过长江北上与曹魏争夺徐州。这样说来,争夺荆州又是吴国政略和战略的基本方针。吴国后期名将陆逊及其子抗,仍坚持上述战略方针。吴凤凰三年(274年)陆抗卒前上疏说:"臣父逊昔在西垂陈言,以为西陵国之西门,虽云易守,亦复易失!若有不守,非但失一郡,则荆州非吴有也。如其有虞,当倾国争之。"这可以作为孙吴政权领导层,对荆州重要战略地位的总结性看法。问题的关键就在这里,荆州既然是双方必争之地,总有一方胜利,一方失败。哪一方失败呢? 无疑将是刘备方面。因为其一,正如范文澜所说的那样,刘备取得益州以后,荆州成为孙权用全力来攻、刘备不能用全力来守的据点;其二,荆州作为一个战略据点,要北上宛、洛,就必须首先消灭曹操在襄、樊的驻军,完成夺取襄、樊的任务。这就是说,就连荆州驻军本身的锋芒,也只能针对曹魏,而不能针对孙吴。这种战略形势决定了蜀、吴在争夺荆州的斗争中,必然是吴国取得最后胜利。

刘备方面还有以庞统、法正为代表的与《隆中对》有所不同的另一派主张。早在建安十六年(211年),当刘备想方设法企图占领整个荆州时,庞统却向刘备进策说:"荆州荒残,人物殚尽,东有孙吴,北有曹氏,鼎足之计,难以得志。今益州国富民强,户口百万,四部兵马,所出必具,宝货无求于外,今可权借以定大事。"建安二十二年(217年),法正劝刘备进取汉中时说:

"今策渊、邰才略,不胜国之将帅,举众往讨,则必可克。克之之日,广农积谷,观衅伺隙,上可以倾覆寇敌,尊奖王室;中可以蚕食雍、凉,广拓境土;下可以固守要害,为持久之计。"他们两派主张的相同之点是都要凭借益州为根本,不同之点是诸葛亮兼顾荆州,以便夹攻中原,庞统等人看清楚了荆州是当时魏、蜀、吴矛盾焦点,是危险之地,因而每次规划总的方针时,从不提及荆州,甚至庞统连荆州在经济上的地位也加以否定,其着眼点是"蚕食雍、凉",占领关中,出潼关以争天下。庞统等人的意见借鉴了历史经验,走的是秦、汉统一天下的老路。两派主张比较起来,很明显,仅从蜀、魏斗争看,似乎诸葛亮的方针高明,如果从刘、孙、曹三方全局看,特别是从孙、刘联合抗曹的基本政治军事形势看,不能不承认庞统一派的意见是唯一正确可行的。还应该看到,诸葛亮的方针本身包含着政略和战略部署的矛盾,因为外结孙权是其政略的组成部分,而把荆州作为一个战略据点,又必然和孙吴发生冲突。

因为法正的不同意见,所以夷陵败后,诸葛亮叹息说:"法孝直若在,则能制主上,令不东行;就复东行,必不倾危矣。"这里前两句说明诸葛亮这时才对《隆中对》中的错误因素真正醒悟,并承认法正提出的路线是正确的;后两句则反映出他对夷陵之战失败,荆州彻底丧失,仍带有惋惜的余音。而且还有责怪刘备指挥失当,以致造成败局的意味。

刘备为实现《隆中对》所提出的规划,在建安十九年(214年)取得益州后的短短六年内,曾两次进兵荆州,一次北上阻击曹军进益州,一次进兵汉中,顾此失彼,疲于奔命。结果使蜀国的斗争锋芒主要不是针对曹魏而是针对孙吴,蜀军主力前后最少有10万以上消耗在荆州战场,关羽、马良、张南、冯习、傅彤、程畿、黄权、糜芳、傅士仁、杜路、刘宁、庞林等将帅,或因荆州战事而死,或被迫投降吴、魏,以致蜀国一蹶不振。毛泽东对蜀国战略方针有过中肯的评价:"其始误于《隆中对》,千里之遥而二分兵力。其终则关羽、刘备、诸葛三分兵力,安得不败。"

人物

贤相诸葛亮

诸葛亮（181—234年）是汉末三国时期比较有政治远见、勇于进取和革新、富有实干和牺牲精神的政治代表人物，是我国封建社会很有作为的政治家和军事家，也是历史上对后世影响较大的人物之一。

我国封建社会地主阶级的政治思想体系，是在儒法合流的基础上，并掺杂其他各家有利于封建统治的思想逐渐形成的。这个过程，如果从西汉董仲舒开始，到诸葛亮时发展到了一个重要阶段——封建的政治思想体系变得完备和缜密。

吞并六国的秦王朝，为什么在短短统一不过15年后便被农民起义的狂澜所淹没呢？历史向新兴地主阶级的掌权人物，提出了一个紧迫而严重的问题。汉初已经有人开始注意到这一问题。到汉武帝时代，随着强大的西汉帝国的统一和中央集权专制主义的加强，董仲舒应时而出，表面上提出"罢黜百家，独尊儒术"，实际上是以被改造了的儒家思想和法家思想为基础，提出了一整套封建的政治思想体系。董仲舒认为，秦王朝实行法家严刑峻法，"任刑而不尚德"，即重刑法而不重儒家的德治教化，加之繁重的赋役负担，结果激起人民的反抗而遭至灭亡。因此，他主张德刑并用，偏重于儒家德治教化的统治原则，渗入三纲五常的说教,代替单纯的残酷刑法。这既具有调和封建统治者与人民群众矛盾的一面,又具有调整统治者内部关系,约束其对被统治者的过分压榨,以便保持地主阶级政权的稳定,不再重蹈秦王朝的覆辙。董仲舒根据孔子君君臣臣、父父子子的伦理纲常和仁义道德思想,提出了维护封建等级制度的三纲五常学说;并在儒家论证的君权神授的"天命"论基础上,把三纲说成是"天"的意志,所谓"王道之三纲,可求于天",从而把封建统治秩序神圣化,即"天不变,道亦不变"。

诸葛亮

诸葛亮继承了董仲舒的政治思想,主张治国要"礼""法"并用,"德""威"兼举。他强调治国时要"训章(典章教化)、明法""劝善(德治教化)、黜恶""礼有所任,威(指法)有所施"。诸葛亮在德、法并重的前提下,又特别提倡要以德治教化为先,法治为后。他说:"为君之道以教令为先,诛罚为后;先行令,后理罚。"诸葛亮所说的"威""刑""令""罚"是指法治;而"德""礼""道"则是指儒家的三纲五常,或者叫三纲六纪。诸葛亮非常明确地主张,治国必须用三纲五常进行德治教化。他说:"夫明君治其纲纪;夫三纲不正,六纪不理,则大乱生矣;三纲六纪有上中下,上者为君臣,中者为父子,下者为夫妇,各修其道,福祚至矣。

君臣上下,以礼为本,父子上下,以恩为亲,夫妇上下,以和为安。上不可不正,下不可不端。"又说:"君以施下为仁,臣以事上为义……上下好礼,则民易使;上下和顺,则君臣之道具矣。君以礼使臣,臣以忠事君。"对封建统治者来说,是调整其内部关系,约束好自己的行为,所谓"上下好礼,各修其道";对被统治者来说,则是要服从其封建统治,所谓"下不可不端,则民易使"。这样,上下有礼有节,才能使封建统治长期稳固。

诸葛亮把封建的伦理道德,常常归结为一个"德"字。比方,他总结历史经验说"汤、武修德而王,桀纣极暴而亡","昔在项羽,起不由德,虽处华夏,秉帝者之势,卒就汤镬,为后永戒"。称赞刘备"雄才盖世""莫不归德";刘禅"天资仁敏,爱德下士"。他自谦说"德薄任重,惨惨忧虑",教诫其子要"俭以养德"。他强调"治世以大德"。来敏犯罪,因为他诽谤蜀国起用"新人",没有"功德"。"德"的内涵包括道德修养、德治教化、实施德政三个方面。诸葛亮认为这三者是紧密联系不可分割的,这是他继承儒家思想最集中的体现,也是他治国思想中不容忽视的重要一面。

晋人袁宏说诸葛亮"治国以礼,民无怨声;刑罚不滥,没有余泣";唐改革家名相裴度说诸葛亮治国"刑政达于荒外,道化行乎域中;法加于人也,虽从死而无怨;德及于人也,虽奕叶而见思"。他们已经看到,诸葛亮治国对于礼和法都是很重视的。诸葛亮曾说"非法不言,非道不行"。道,是指三纲五常等仁义道德。就是说,作为最高封建统治者,要言行一致,一切言论行为都必须符合德(礼)、法并用的政治统治原则,这是对儒法合流的政治思想体系的高度概括。这种认识使整个封建的政治思想体系发展到一个新的阶段,下开唐代礼、法相互为用之先声。

东汉末黄巾农民大起义，动摇了东汉王朝的统治，使其名存实亡。在封建统治者对农民残暴镇压以及军阀混战中，社会经济遭到严重的破坏，社会生产力受到极大的摧残。历史提出的最迫切的任务，是整顿和刷新政治，实行与民休息的政策措施，以促进社会经济的恢复和繁荣，人民生活的安定，从而使社会生产力向前发展并实现国家的统一。诸葛亮正是在这种政治形势下登上政治舞台的。他在辅佐刘备、刘禅创建和治理蜀国中，在儒法合流的政治理论指导下，以非凡的努力，运筹帷幄，呕心沥血，注重"人谋"，强调"治实"；主张在政治上要"采众下之谋"，"谋及庶士"，充分发挥人为的作用，才能把国家治理好。诸葛亮继承和发展了秦汉封建统治者所实行的比较进步、比较开明的一系列政治措施，其中主要的归纳起来有：正身、纳言、举贤、明法。

正身以教人、行令。诸葛亮根据孔子所说"其身正，不令而行；其身不正，虽令不从"，指出"故人君先正其身，然后乃行其令。身不正则令不从，令不从则生变乱"。他认为最高封建统治者正身对于治国、行令、教人十分重要，身教重于言教，君主要给臣下做出榜样来。也就是说，德治教化首先要从最高统治集团做起。这样，政令才易于贯彻，收到成效。诸葛亮本人就是正身的典范。他以"鞠躬尽瘁，死而后已"的精神效忠蜀汉政权，所以虽然他集中权力于一身，"竟能上不生疑心，下不兴流言"，蜀国最高统治集团始终保持着比较和睦的状态。蜀国官吏中凡是自身不正、贪污腐化不以蜀汉国事为重的，大多受到诸葛亮的贬斥和严惩。诸葛亮这样对己对人，对上对下，严格要求，守法奉公，显然对政治清明是有积极意义的，它为推行其他的政治改革措施创造了有利条件。

纳言以采众下之谋。所谓纳言,就是让人各抒己见,倾听各种不同的意见,择善而从。诸葛亮十分重视"斟酌损益,进尽忠言",以"裨补缺漏,有所广益"。他专门写了一篇《纳言》,说:"为政之道,务于多闻,是以听察采纳众下之言,谋及士庶,则万物当其目,众音佐其耳。"他认为治国必须听取各方面的意见,了解各方面的情况,这就好比有了更多的眼睛和耳朵,能够看得清,听得全,使人有智慧,更明鉴,能够把国事办得更好。相反,"人君拒谏,则忠臣不敢进其谋,而邪臣专行其政,此为国之害也"。如果人君拒谏,不能采纳正确的建议,那么"忠臣"不得信任,奸邪之人就会乘机钻营,祸国殃民,这些议论是对历史经验的精辟总结,发人深省。诸葛亮喜欢"直言",主张要重视"怨声""危言"。他说:"有道之国,危言危行;无道之国,危行言孙。上无所闻,下无所说。"他把能不能听取反面意见,提高到一个国家政权有道或无道,即兴旺或衰落的高度来认识,这是很有气魄和政治远见的。

治国之道务在举贤。一切治国的方针政策,必须要由人来贯彻实行,才能收到预期的成效。所以诸葛亮十分重视选才择英,进贤进能。他反复论述"举贤"对于治国的重要性,指出"治国之道,务在举贤","夫国危不治,民不安居,此失贤之过也"。他把官吏比作国家政权的辅柱,说:"夫柱以直木为坚,辅以直士为贤,直木出于幽林,直士出于众下。"就是说,"取人不限其方",要从各阶层中选拔人才。显然,这些是同东汉以来重视门第和资历的选举政策相对立的。诸葛亮主张任用"贤人",在诸葛亮看来"贤"的标准,一是确有办事才能,二是忠于蜀汉政权,也就是要德才兼备。具体地说,就是要忠于职守,廉洁奉公,只要具备这样的条件,从不以资历和门第为限,大胆破格地选拔使用。比如,李严为犍为太守还未到任,他的功曹杨洪一跃而为蜀郡太守;杨洪还在蜀郡,他的门下书佐何祗被提升为广汉太守。董恢以一名小官为副吏出使吴国,因他机智地回答孙权问杨仪、魏延必为祸乱事说:"今方扫除强贼,混一区宇,功以才成,业由才广,若舍此不任,防其后患,是犹备有风波而逆废舟楫,非长计也。"诸葛亮以为"知言",回蜀后,不满三天,董恢便被提拔到丞相府办事,随即又被提升为巴郡太守。

法纪严明为治之要。诸葛亮处在战乱分裂的时代,他认为要拨乱反正,由乱到治,必须实行法治。他说:"四海分裂,兵交方始,若复废法,何用讨贼邪!"他认为"法令不从,事乱不理","其国危殆",所以要"威之以法,为治之要"。诸葛亮实行法治,讲究严、明、信、平。严,是严于执法,不允许任何人违法乱纪;明,是是非功过,赏罚分明;信,是该赏必赏,该罚必罚,取信于民;平,是赏罚均平,对功过是非,赏罚轻重得当。他坚决主张要"赏赐不避怨仇,诛罚不避亲戚"。如果赏罚不明,必然会造成"或无罪被辜,或有罪蒙恕,或强者专辞,或弱者侵怨,或直者被枉,或屈者不伸,或有信而见疑,或有忠而被害"。这里把赏罚分明的必要性,以及赏罚不分是非不明的危害性,讲得十分透彻。蜀国官吏一般都执法严明。如董和为官"严法";邓芝"清严有治绩","赏罚明断";杨洪为蜀郡太守,"微过受罚,不特原假";张翼"性持法严";杨戏"职典刑狱,论法决疑,号为平当";犍为太守王离"推法平当","治有美绩"。

诸葛亮部下张裔称赞他说:"赏不遗远,罚不阿近,爵不可以无功取,刑不可以贵势免,此贤愚之所以佥忘其身者也。"蜀汉亡后,原尚书令樊建在回答晋武帝问诸葛亮怎样治蜀时说:"闻恶必改,而不矜过。赏罚之信,足感神明。"陈寿评诸葛亮法治说:

"科教严明,赏罚必信。无恶不惩,无善不显;尽忠益时者虽仇必赏,犯法怠慢者虽亲必罚,服罪输情者虽重必释,游辞巧饰者虽轻必戮;善无微而不赏,恶无纤而不贬。"东晋史家习凿齿说:"法行于不可不用,刑加乎自犯之罪,爵之而非私,诛之而不怒,天下有不服者乎!诸葛亮于是可谓能用刑矣,自秦、汉以来未之有也。"这些对诸葛亮法治精神的评论,或有评之略高,但在很大程度上是符合历史实际的。

诸葛亮所采取的各项政治措施,都是为了达到一个总的政治目的"富国安家",即国家富强,人民生活安定。诸葛亮最理想的政治是粮饷丰,财货多,百姓安。怎样做到富国安家呢?他认为除了上述政治措施以外,在经济上带有根本性的方针是奖励农耕,让农民休养生息,发展农业生产。只有农业生产繁荣,农民安居乐业,社会生产向前发展,才会出现比较稳定的政治局面。同时,只有农业生产发展,封建经济基础巩固,封建国家经济实力雄厚,才能有力地推行各项改革措施,以及进行统一战争。所以诸葛亮在执政时期,始终抓紧农业这件大事,极其重视"务农殖谷,闭关息民"。他认为从国家政权来说,要实行轻徭薄赋与民休息的政策,反对妨害农事;同时要适当地约束豪强地主过分压榨农民,以免造成"强弱相侵,躬耕者少"的现象,要使民心不乱,才能安心地从事农业生产。蜀汉专设大司农、督农管理全国和郡县农业生产,有屯骑校尉专管兵士屯田。甚至连北伐军队在无战事时也在渭滨屯田,以增加军粮收入,减轻农民负担。诸葛亮重视水利工程,设都江堰官,认为"此堰农本,国之所资",专派1200人维护都江堰水利工程,保证了川西平原农业生产的常年丰收和长足发展。

蜀国从建国开始,曾实施过几项比较重要的经济措施:第一,把益州地区的一些荒芜的土地归还人民,"令安居复业,然后可役调,得其欢心";第二,"铸直百钱,平诸物贾,令吏为官市",铸造钱币,平抑物价,从而使"数月之间,府库充实";第三,盐铁官营,设司盐校尉"较盐铁之利,利人甚多,有裨国用";第四,设"锦官"专管蜀锦之类的重要手工业生产,蜀锦成为国家财政的一项重要收入。还设司金中郎将,专管农业手工业生产工具和军用武器的生产。这些经济措施,不只是为了加强蜀国的经济实力,使国家富强,而且保证国家的财政收入和军队建设,减轻农民的赋税负担。同时在于打击豪强地主掠夺农民的土地,并针对蜀土"侯服玉食"的富商大贾,控制他们对盐铁和其他手工业生产的垄断。如"为官市""较盐铁之利",设"锦官"等,都是采取国家政权控制工商业的一种办法,以便于加强中央集权,抑制豪强地主和富商巨贾,这对于保护小农和手工业者的利益和发展社会生产显然是有利的。

在诸葛亮治理下,蜀国政治稳定,人民受的压迫剥削较轻,生活比较安定,生产积极性有所提高,再加上发展农业生产以及其他一系列经济措施,为社会生产力的发展和社会经济的繁荣开辟了道路。史称:"亮之治蜀,田畴辟,仓廪实,器械利,蓄积饶,朝会不华,路无醉人。"延熙七年(244年),汉中地区"男女布野,家谷栖亩",一片农业丰收景象。这是汉中守将刘敏反对让魏军入境所持的理由,应当是可信的。汉中是蜀汉长期与魏军对峙的军事要地,农业生产尚且如此繁荣,四川盆地农业生产的恢复和发展更可想而知了。蜀汉灭亡时,后主在降表中说:"官府帑藏一无所毁,百姓布野,余粮栖亩。"蜀亡时,尚存米40余万斛,金银各2000斤,锦绮彩绢各20万匹,可见国库也还充裕。三国时代蜀锦"独称妙","魏则市于蜀,而吴亦资西道"。蜀锦不仅能供应本土和魏、吴所需,直到蜀亡时还库存锦绮彩绢共80万匹,而且锦、绮彩绢都是名贵而技巧极高的丝织品,能生产如此之多,充分显示出蜀国手工业生产的昌盛和发达。再从户口升降来看,蜀亡时有户28万,口94万,与蜀初有户20万,口90万相比,四十余年间户数增加了8万。

诸葛亮治蜀所显示的才能和收到的成效,历来为人们所公认,如魏国谋士贾诩说:"诸葛亮善治国。"刘晔说:"诸葛亮明于治而为相。"傅干说诸葛亮"达治知变,正而有谋"。蜀国大臣彭羕称诸葛亮为"当世伊、吕";吕凯说:"诸葛丞相英才挺出,深睹未萌。"这是他生前得到的称誉,其中有他的部属,也有敌对方面人物的评论。当他死后,其敌手司马懿称他是"天下奇才"。吴国张俨指出诸葛、司马二人受明君托孤,皆堪称"亦一国之宗臣,霸王之佐"。但他全面分析了二人治国用兵后,又特别称赞诸葛亮"有匡佐之才","耕战有伍,刑法整齐",无论治国用兵诸葛亮皆优于司马懿。晋代陈寿说他是"识治之良才,管、萧之亚匹"。常璩称诸葛亮治蜀,"政修民理,威武外振"。特别是唐太宗曾多次向房玄龄、杜如晦等名臣称道诸葛亮治蜀说:"诸葛亮治蜀十年不赦,而蜀大化;为政莫若至公,昔诸葛亮窜廖立、李严于南夷,亮卒而立、严皆悲泣,有死者,非至公能如是乎!"而且唐太宗在向房、杜等总结汉魏以来的历史经验时指出,诸葛亮为"贤相",治国用法"平直""至公",要求他们学习诸葛亮的治国经验。

诸葛亮凭借蜀国这个历史舞台,演出了我国历史上值得重视的有意义的一幕。蜀国虽然地域很小,经过诸葛亮的治理收效显著。蜀国吏治清明,官吏廉洁,人民的赋役减轻,手工业生产繁荣,社会经济得到恢复和发展,人口增加,人民生活比较安

成都武侯祠

定,政治形势稳定。诸葛亮死后,"百姓巷祭,戎夷野祀";"所在各求为立庙,朝议以礼秩不听,百姓遂因时节私祭之于道陌上"。陈寿说:"黎庶追思,以为口实。至今梁、益之民,咨述亮,言犹在耳。"袁准说:"亮死至今数十年,国人歌思。"直到唐代,孙樵说:"武侯死殆五百载,迄今梁、汉之民,歌道遗烈,庙而祭者如在。"一个封建制时代的政治家,生前死后竟然得到各族人民如此热忱的颂扬和怀念,在我国封建制时代实在是少有的。他们对诸葛亮的评价表明,诸葛亮确实是我国封建时代一位最杰出的政治家和军事家。综观诸葛亮一生的言、行、功业,处处体现着他的优秀品德。这些优秀品德,可以归结为修身养德,尽忠为国,虚心纳谏,廉洁奉公,严明法纪,一身正气的典范精神;忠顺勤劳,尽职尽责,自强不息,百折不挠的进取精神;为实现国家统一、国富民安的远大理想,"鞠躬尽力,死而后已",为国家为民族利益而奋斗的献身精神。这些实际上已成为我国民族精神的一部分,它将永远昭示来者。

千古名将关羽

东汉中平元年(184年),黄巾大起义,刘备在家乡涿县(今河北涿州)聚众起兵时24岁。关羽本河东解县(今山西运城市盐湖区)人,亡命涿县。他与张飞正于此时投靠刘备。史称张飞"少与关羽俱事先主。羽年长数岁,飞兄事之"。刘、关、张三人,关系不同寻常。据史载,刘备"于乡里合徒众,而羽与张飞为之御侮","与二人寝则同床,恩若兄弟"。关羽离曹营奔刘备时说:"吾受刘将军厚恩,誓以共死,不可背之。"尤其是关羽战死荆州后,魏国君臣曾料刘备是否为关羽报仇而伐吴,刘晔曾说:"关羽与备,义为君臣,恩犹父子。"

建安三年(198年)十二月,刘备从曹操破擒吕布后还许昌。曹操拜刘备为左将军,又拜关羽、张飞皆为中郎将。建安五年(200年)正月,曹操东征刘备,备败投袁绍。操军攻破下邳,俘关羽。同年四月,曹操与袁绍相持于官渡。绍遣大将颜良攻东郡太守刘延于白马,操遣张辽、关羽为先锋击颜良,羽斩良于万军之中。此后不久,关羽从曹营投奔刘备。同年秋,刘备假以南联刘表为名南至汝南,后投靠刘表。

建安十三年(208年)八月,曹操亲率大军南征刘表。同年冬,经赤壁之战后曹操败回北方,临行派乐进守襄阳,曹仁、徐晃守江陵。刘备与周瑜围曹仁于江陵,别遣关羽绝北道,以阻击襄阳南下援军。汝南太守李通救曹仁,在江陵北面与关羽大战。同年十二月,刘备占有荆州江南武陵、长沙、桂阳、零陵四郡。以关羽为荡寇将军,领襄阳太守,屯驻江北。

建安十六年(211年)十二月,刘备留诸葛亮、关羽、赵云守荆州,自率步军数万人攻取益州。建安十七年(212年)十二月,关羽向北扩地,与曹操襄阳守将乐进大战于青泥。这段时间关羽趁诸葛亮、张飞、赵云在荆州,自己向北扩地,后来北伐时,在襄阳、樊城之南未遇抵抗,可见其辖地向北有较大扩展。

建安十九年(214年)夏,刘备在益州长期攻雒城不下。诸葛亮留关羽守荆州,偕同张飞、赵云等率兵进益州。至此,关羽全权总督荆州政事。由此知关羽在蜀汉政权中的重要地位。建安二十年(215年),孙权派吕蒙督2万余人取荆州三郡。刘备率军5万至公安,遣关羽率3万军入益阳(今湖南益阳市)争三郡。此时曹操兵伐汉中,刘备惧益州有失,与孙权和好。双方以湘水为界,长沙、江夏、桂阳属孙权;南郡、零陵、武陵属刘备。经过此次孙权争夺荆州,关羽深知以荆州为战略基地向北发展的艰巨性,从而用三四年时间,一方面,加强荆州东部防御,建筑江陵南城;另一方面,大量积聚军资战具,制造舟船,大练水军,以便待机沿汉水北伐。

建安二十四年(219年)七月,关羽亲率大军北上攻取襄阳、樊城,为将来北上宛、洛作准备。曹操亲驻摩陂指挥,前后共遣20余军(每军约5000人)助曹仁守樊城,当各路魏军齐集与关羽一场大战后,关羽军主动从樊城撤退,但水军犹据汉水。十月末,正当关羽军与曹仁、徐晃军激战之际,吴国违盟,孙权与吕蒙等密谋,乘关羽主力军北上,偷袭公安,将军傅士仁降。至江陵,糜芳降。关羽闻南郡失守,率轻骑南还。孙权以吕蒙为南郡太守,以陆逊为宜都太守。十一月,蜀汉宜都太守樊友弃郡而走,陆逊击降诸城长吏及蛮夷君长。孙权以陆逊为平西将军,屯夷陵,守峡口以备蜀军。关羽至麦城(离江陵约40公里),孙权先使朱然、潘璋断羽归路。十二月,关羽于襄阳临沮县章乡(今湖北荆门市西)被擒杀,时年约57岁。关羽以5万余荆州军与曹军20余万对抗,多次取胜,斩庞德,擒于禁,消灭曹军数万人,"威镇华夏",这表明他不但武艺超群,而且具有独自指挥战争的能力。其失败的多种因素中,自己性格骄矜,对吴国缺乏灵活的策略思想,应为主要因素之一。

魏文帝君臣皆称关羽为蜀国"名将"。曹操最著名的谋士郭嘉称:"张飞、关羽者,皆万人之敌也。"魏国名臣程昱也说关羽、张飞"皆万人之敌,为世虎臣"。当时人常誉武将"为万人之敌",谋臣为"万人之英"。这里"万人"乃多数的概数,武将言其武勇胆识,武艺超群;谋臣则言其立国安邦,文武谋略在众人之上。孙吴名臣周瑜称关羽"皆熊虎之将";吕蒙数称"关羽骁雄""关羽素勇,既难为敌";陆逊称关羽为"当世雄杰",有"骁气"。这里所谓"熊虎",虎为百兽之王,熊乃兽中之凶猛者,以此喻关羽乃武将中之佼佼者。上述诸人对关羽的各种称道,表明在关羽身上体现了名将所应有的骁勇非凡、武艺绝伦、所向无敌的英雄气概。关羽曾为流矢中其左臂,后虽痊愈,但每至阴雨,骨常疼痛。医曰:"矢镞有毒,毒入于骨,当破臂作创,刮骨去毒。然后此患乃除耳。"关羽决然伸臂"令医劈之"。当时羽"适请诸将饮食相对,臂血流离,盈于盘器,而羽割炙引酒,言笑自若"。此事从忍受肉体痛苦的角度,表现出关羽作为名将的坚毅性格和神勇雄风。

关羽的名将风采,集中表现在他同袁绍大将颜良的一次战斗中。建安五年(200年)四月,北方两大军事集团袁绍与曹操在逐鹿中原时,相持于官渡(今河南中牟县东北)。袁绍遣大将颜良攻曹操东郡太守刘延于白马(今河南滑县东)。此时关羽被曹操所俘,曹操派张辽、关羽为先锋,阻击颜良军。据《三国志·蜀书·关羽传》记载:关羽"望见(颜)良麾盖(指大将征战所乘戎车,设幰麾张盖),策马刺良于万众之中,斩其首还,(袁)绍诸将莫能当者,遂解白马之围"。陈寿这段简洁的记载,将袁、曹两军主将对阵时,关羽所表现的雄杰、虎威、骁勇的名将风采形象,活灵活现地展现在读者前面。关羽在万众敌军之中,斩上将之首,如此英姿潇洒,从容不迫,以致在后世武将中传为佳话。

刘、关、张三人情同父子兄弟,并"誓以共死",后来诸葛亮又加入这个特殊集团。当时人论及蜀汉兴亡时,总是以这四人为代表。如果说诸葛亮是蜀汉高层领导集团中文班领头人,那么关羽就是这个集团中武班领头人。《三国志·蜀书·关羽传》注引《江表传》称:"羽好《(春秋)左氏传》,讽诵略皆上口。"《三国志旁证》卷二三引朱旦《关侯祖墓碑记》云:"羽祖石盘,父道远,三世皆习《春秋》。"此说见于碑刻,当有所据。因关羽家世传《春秋》学,羽年少习之,故年长犹能背诵,也足见其对《春秋》研读谙熟。关羽从小受儒家思想熏陶,因而在立身处事道德规范上,同刘备、诸葛亮可算同道中人。刘备甚有知人之明,他之所以特别看重关羽,深知其德才兼备,后来将留守荆州以及北伐的重任交给他,其原因也在于此。

关羽追随刘备约35年,先为兄弟,后为君臣。刘备在取益州之前的31年的斗争生涯中,从县尉小吏到郡国相、州牧,颠沛流离,几起几落,曾先后投靠过公孙瓒、陶谦、吕布、曹操、袁绍、刘表。他多次被敌军打败,甚至两次连妻子家属也被俘。当时群雄逐鹿,不少谋士、武将依据各霸主地盘势力大小,离散组合不常。而关羽对待刘备,不管其处于何种情况,都衷心拥戴,矢志不渝,这在战乱时各种势力盛衰莫测的形势下,是难能可贵的。这既说明二人相知甚深,情操政见相侔,又表现出关羽对刘备所具有的一种纯真的人间情义。

唐礼部尚书虞世南颂关羽:"利不动,爵不縶,威不屈,害不折,心耿耿,义烈烈,伟丈夫,真豪杰,纲常备,古今绝。"明代程敏政《读将鉴博议》引戴溪言:关羽"古今称之者,以其忠义大节,足以仰高于后也"。元代郝经《汉义勇武安王庙碑》文指出"昭烈始终守一仁,武安王始终守一义",而诸葛亮则始终守一忠。刘备取蜀时,曹操丞相掾赵戬认为难以成功。征士傅干曰:"刘备宽仁有度,能得人死力。诸葛亮达治知变,正而有谋,而为之相;张飞、关羽勇而有义,皆万人之敌,而为之将。此三人者,皆人杰也。以备之略,三杰佐之,何为不济也。"这里指出刘备"宽仁",关、张"勇义",诸葛亮"正而有谋",正者指儒家臣子之"正道",自然是指忠。蜀汉君主、文武领班者三人所守仁、忠、义,可以说是儒家思想和品德情操的核心。仁者,讲仁政,使人民生活幸福;讲博爱,也就是今天人们常讲的爱心;忠者,指对君主、国家、民族忠诚。古代君主和国家是一个概念,所谓"朕即国家",故当时臣僚常把君主称国家。忠于君主、国家,实质上就是爱国主义思想。义者,讲正义,讲信义,讲情义,即维护公正合理的事,在人际关系上不背信弃义,是一种人间真情。刘备甘愿与10万投靠他的普通百姓,同生共死,共休戚,表现其崇高的博爱精神。诸葛亮"鞠躬尽瘁,死而后已",忠贯日月;关羽义薄云天。仁爱、忠诚、信义这三者,在封建制时代,虽说具有不同的阶级内涵,但从整个国家民族的利益讲,它又具有共同性和普遍意义。在我国社会历史发展中,上述蜀汉最高领导层三个代表人物,其立身处事既符合我国主体文化儒家的政治思想和道德规范,又基本上体现了我国优秀传统文化中的一部分。

关羽在历史上众多武将中,以其忠义至醇、武艺绝伦、光明磊落等品质脱颖而出,因而被庙堂和民间选中作为一种超人间力量的神灵,而加以顶礼膜拜。同时,在他死后的千余年历史中,忠义、护国、神勇、灵祐、保民、绥靖、伏魔、宣德等一顶顶桂冠,不断地加在他的头上。这个过程也就是关羽由人变为封建社会各阶层共同信仰的神的过程。据《荆门志》记载:湖北当阳县玉泉景德禅寺关羽庙"兴于(南朝)梁、陈间,盖始于智𫖮大师开山之时也。历隋至唐,咸祀事之"。唐代贞元十八年(802年),"荆南节度使江陵尹裴均,广其祠宇,增于旧制"。这是最早的关羽庙祭祀。唐代关羽作为名将,已进入"武庙"(当时主神为姜太公)陪祀。至北宋徽宗崇宁元年(1102年)始追封关羽为忠惠公,大观二年(1108年)又晋封为武安王。宣和五年(1123年),再加"义勇"二字,称义勇武安王。南宋建炎三年(1129年),改封为壮缪义勇武安王。唐宋时期,儒、佛、道三教渗透圆融进一步发展,因而在最高封建统治者不断地追封关羽,以及民间对关羽信仰逐步扩大时,关羽的神威相继渗入佛、道二教。据《历代神仙通鉴》卷一四载:唐高宗仪凤(676—678年)末年,佛教禅宗派高僧神秀至当阳玉泉寺传教,由于关羽显灵而被"封为本寺伽蓝,自此各寺流传",关羽成为佛教"护法伽蓝神"。唐德宗贞元十八年(802年),大理寺官员董侹《重修玉泉关庙记》文,称关羽为"关帝""圣帝",并言其在玉泉寺显神;该文还记述了佛教高僧智𫖮禅师,在玉泉寺借关羽神灵传播佛教。北宋徽宗时(1101—1125年),又出现了关羽为民斩妖除害,被封为"显灵武安济王"。史称元代关羽"英灵义烈遍天下,故在者庙祀,福善祸恶,神威赫然,人咸畏而敬之,而燕赵荆楚为尤笃,郡国州县乡邑间并皆有庙……千载之下,景仰响慕而犹若是"。明朝从太祖洪武二十七年(1394年),敕建庙于"金陵鸡笼山之阳",当永乐帝迁都北京后,又"庙祭于京师"。成化十三年(1477年),正式决定把地安门西关帝庙作为太常寺官祭场所,除每年定期拜祭外,"又定国有大灾则祭告"。万历十八年(1590年),对关羽的晋封由王提高到帝,称"协天护国忠义大帝"。万历二十三年(1595年),又改封为"三界伏魔大帝、神威远镇天尊关圣帝君"。明代方孝孺《关王庙碑》文说:"(关羽死)至今千余载,穷荒遐裔,小民稚子,皆知尊其名,畏其威,怀其烈不忘。"万历以后,关羽因晋封为帝,从而逐渐发展为以"官祠武庙"主神与孔子"文庙"并祀。据万历时人统计,仅宛平县属就有关帝庙宇51座。当时北京城内外分属于大兴、宛平两县。加上大兴县的关庙,明末北京城内外关帝庙总数"至少接近百所"。清朝统治者对关羽的崇拜,早在关外已经开始。入关后,又沿袭了明代岁祭关庙之例,到光绪五年(1879年),清政府对关羽的封号已加至22个字,合称:"忠义神武灵祐神勇威显保民精诚绥靖翊赞宣德关圣大帝。"关羽信仰已发展到县以下的村落镇堡。

　　关羽高尚的人格魅力和神勇超人的名将雄风,长期以来,被封建统治者、志士仁人、普通老百姓所讴歌和崇拜;更因其神勇和"忠义"精神,受到儒家的推崇。继而儒、佛、道以三教圆融为契机,借关羽在统治者和人民中的广泛影响而传教,使得关羽以历史上的真实英雄崇拜,转而为儒、佛、道所并尊,并在历史发展形势驱动下逐渐被人造就为神的最高主宰。关羽由人变为神的文化内涵,既表明儒家思想作为中华主文化影响深远,而又从一个侧面反映出封建统治者和人民群众宗教信仰文化的趋同和差异的底蕴。

谢安的政治军事功业

谢安(320—385年),字安石,出身于陈郡阳夏谢氏士族高门。谢安青少年时期,深为当时政界名人王导、桓彝及清谈名士王濛所器重,称赞其"风神秀彻""神识沈敏,风宇条畅",即气度文雅潇洒,洞察事理,思路清晰敏捷,处事稳重沉着而不外露。当时名人对谢安天赋素质的高度评价,使其"少有重名"。及长,安高卧东山,与名士王羲之、许询、孙绰、高僧支遁等游处,"出则渔弋山水,入则言咏属文"。先后被辟司徒府、佐著作郎、尚书郎、吏部郎等官职,均不受。史称"初,(谢)安家会稽上虞县,优游山林,六七年间,征召不至,虽弹奏相属,继以禁锢,而晏然不屑也"。

谢安像魏晋时有些政坛名人一样,开始时鄙弃荣利,高卧不仕,表明其高雅谦让,洁身清素,一旦形势转变,机遇来临,便会步入政坛,在风云际会中大显身手。谢安由高卧而转为待机出仕,可从他教育子侄言论中得到印证。谢安尝"戒约"子侄说:"'子弟亦何豫人事,而正欲使其佳!'诸人莫有言者。玄答曰:'譬如芝兰玉树,欲使其生于庭阶耳。'安悦。"安玄父侄教答,素以其意味深远难解。"豫人事",田余庆先生解释为觊觎晋

谢安

室权力,颇有理据。"正欲使其佳"的"佳"字,尤可玩味。玄答语则在说明"佳"意。"芝兰玉树,欲使其生于庭阶"者,以其能供主人欣赏,闻其芳香,睹其美姿。言外之意,即不仅不窥窃晋室权力,而且要为巩固晋室干一番事业。这同谢安两次因子侄聚会,问《毛诗》何句为佳的寓意相通。一次道韫回答:"吉甫作颂,穆如清风。仲山甫永怀,以慰其心。"谢安谓此诗"有雅人深致"。《大雅·烝民》全诗中都在歌颂仲山甫辅周宣王的功业,所以诗中说:"保兹天子,生仲山甫。"再一次谢玄答以写物景慰人情的"杨柳依依"句,谢安不以为然地说:"'訏谟定命,远猷辰告。'谓此句偏有雅人深致。"訏谟,指大的谋略。猷,图也。辰,时也。郑玄注曰:"大谋定命,谓正月始和,布政于邦国都鄙。"这两首诗都是典型的带有浓厚政治色彩的诗句。诗以言志,这对创作者和欣赏者都是适用的。谢安特别喜欢这两首诗,显然不是一个决心长隐者的心态,岂非借以隐晦地表达其即将出仕建功立业,布政晋廷的大谋远图的志向! 简文帝为相时曾说:"安石既与人同乐,必不得不与人同忧,召之必至。"

升平四年(360年),谢安41岁时出仕任桓温府司马。以他的声望和才华,本可以其他重要职务应召,而偏为此职,从他出仕前的政治抱负和出仕后的行为看,可能主要是考虑当时桓温势倾朝野,作为桓温的掾属,蒙上一层主属关系,不至于一开始就同桓温处于对立的地位,而且既便于提升,又可借以同桓温做委婉的斗争。谢安在桓温府时间很短,因弟谢万丧事离开,旋起为吴兴太守。废帝太和四年(369年)以前,谢安被征拜侍中,迁吏部尚书。

桓温既负其才力,久怀异志,欲先立功河朔,还受九锡,夺取帝位。咸安元年(371年)十一月,桓温集百僚于朝堂,废晋帝司

谢安东山丝竹图

马奕为海西公,立司马昱为简文帝。桓温进一步为篡位扫清道路,杀东海王三子及其母,废武陵王晞及其三子,免新蔡王晃为庶人。当削除宗室时,桓温以示王彪之。彪之反对废徙武陵王晞。温曰:"此已成事,卿勿复言。"当此之际,谢安"见(温)而遥拜,温惊曰:'安石,卿何事乃尔!'安曰:'未有君拜于前,臣揖于后。'"谢安做事深谋远虑,镇静沉着,且非趋炎附势之徒,他对温遥拜及答语,颇寓深意。他说"君拜于前",意在揭示温专权跋扈,行废立之事,简文帝为其傀儡;而自己"遥拜",不是在拜温,而是在守臣节,即尊崇晋室君主。显然对桓温不臣之心,有委婉讽谏之意。桓温见而惊诧,也正由于此。

孝武帝宁康元年(373年)二月,桓温入朝,诏吏部尚书谢安、侍中王坦之迎于新亭。这次会见成为王、谢与桓温之间斗争的最高潮。《晋书》卷九八《桓温传》称:"百僚皆拜于道侧。当时豫有威望者咸战慑失色,或云因此杀王、谢,内外怀惧。"同书卷七九《谢安传》说:"温入赴山陵,止新亭,大陈兵卫,将移晋室,呼安及王坦之,欲于坐害之。"坦之甚惧,问计于安。谢安神色不变,曰:"晋祚存亡,在此一行。"意即以死阻止桓温篡位,晋室存亡,自身安危,系于一行。时在二月,当王、谢见温后,王坦之惊慌失措,汗流沾衣,倒执手版,足见当时气氛之紧张达到极点。谢安却从容就席,坐定,谓温曰:"安闻诸侯有道,守在四邻,明公何须壁后置人邪?"在此关键时刻,谢安临危不惧,义正词严地指出,桓温作为方镇,当坚守本职,不应拥兵入朝。实际上是指责他下犯上,谋夺皇位,不过话讲得缓和隐晦。古代权臣篡位,有威望的执政大臣是反对或赞成,有时起关键作用,这一次就是如此。当谢安以大智大勇的胆识,表示坚决反对桓温篡晋后,桓温知事不可为,想谋害王、谢又惧怕舆论谴责作罢。于是桓温改变语气笑说"正自不能不尔耳",乃命撤去兵卫。桓温与谢安等人,"遂笑语移日"。在谢安的明确表态下,桓温的计划未能得逞。谢安对晋室真可谓中流砥柱。史称王坦之与谢安"初齐名,至是方知坦之之劣"。桓温回姑孰后,仍不忘篡位,讽朝廷加九锡。但在谢安和王彪之的坚决制止拖延下,桓温九锡未加,后病死,其篡位的一切阴谋,均告失败。桓温死后,谢安为了彻底解除桓氏家族对晋廷的威胁,采取逐步削弱桓氏家族权势的策略,将桓冲由朝廷调至京口,再由京口而移镇姑孰,最终使桓氏家族严重威胁晋廷的局面彻底消除。

谢安深知治国之本,在于选拔贤才,他重用的英才很多,最突出的有四人。太元之初,晋廷决定建立一支强大的军队,朝廷求文武良将,"安乃以(谢)玄应举"。谢玄"识局贞正,有经国之才略"。后组成北府兵,建功立业。桓伊"有武干,标悟简率",频参诸府军事。他与谢玄同时应选,晋廷授伊淮南太守。桓伊绥御有方,以战功进督豫州诸军事、西中郎将、豫州刺史。后来谢玄与桓伊皆成为淝水之战的主要将领。徐邈"姿性端雅,勤行励学,博涉多闻",谢安举以应选,始补中书舍人,后迁中书侍郎。邈在中书省前后十年,"专掌论诏","参综朝政","每被顾问,辄有献替,多所匡益,甚见宠待"。孝武帝"嘉其谨密,方之于金霍,有托重之意,将进显位,未及行而帝暴崩"。范宁征拜中书侍郎,"在职多所献替,有益政道。时更营新庙,博求辟雍、明堂之制,宁据经传奏上,皆有典证"。孝武帝甚为亲重,"朝廷疑议,辄咨访之"。徐邈和范宁都曾长期任中书侍郎,中书省为决策机构,他们皆为孝武帝出谋划策,"共补朝廷之阙"。谢安为晋廷所选拔的两武两文,堪称一代英才,他们在东晋的军政上都做出了显著贡献。

谢安在执政时期,减轻百姓负担,改革制度。谢安执政后,每遇水旱灾害,晋廷必减免租税,或除一年租布,或除半年租布,或赐百姓穷者人五斛米,或除去逋租宿债。太元元年(376年)九月,废除度田收租制,王公以下口税米三斛,蠲在役之身。太元六年(381年),"改制度,减烦费,损吏士员七百人"。这两次改革较为重要。前者的租税改革,按口收税,有利于发挥农民的生产积极性,从而多耕种土地,勤于农事,有利于农业生产的发展。后者改革制度的主要内容,当是并官省职,减去政府繁杂费用,并裁去政府冗员七百人,以减少政府支出,减轻人民负担。

谢安执政时,前秦统一了北方,国势强大,对东晋形成严重威胁,民族矛盾趋向激化。谢安代替桓氏执掌朝权后,为了加强朝廷的军事实力,以对付内外的严重形势,他经过深谋远虑,急切地组建北府兵并招募骁勇之士为将领。太元三年(378年)四月,即建北府兵半年后,苻坚征南大将军苻丕等数道进攻襄阳。太元四年(379年)正月,晋廷诏西线江陵守将寇军将军刘波率八千人救襄阳,波畏秦兵,不敢进。二月,西线苻丕攻破襄阳,俘守将朱序。五月,前秦彭超、俱难攻拔盱眙(淮水南军事重镇),随即率秦兵六万围晋幽州刺史田洛于三阿,意欲直趋广陵,径取建康。谢玄当机立断,率三万北府兵北上救三阿,大败秦军。后再战于君川,秦军复大败,超、难等相率北逃,仅以身免。苻坚闻东线秦军惨败,大怒,彭超畏罪自杀,俱难削爵为民。这次晋、秦淮南大战,北府兵以五万之众,四战四胜,消灭秦军十余万。北府兵旗开得胜,充分显示了谢玄的军事指挥才能以及北府兵的英勇善战。秦军虽众,来势也猛,但在北府兵的阻击下大败,从而使秦军士气受挫,晋军士气受到鼓舞。

太元八年(383年)秋,苻坚"发长安戎卒六十余万,骑二十七万,旗鼓相望,前后千里",以重兵压晋境。晋廷以谢安为征讨大都督,谢玄带兵出征前,问计于安,"安夷然无惧色,答曰'已别有旨'"。当天谢安"游陟至夜,方还府内"。在强敌压境下,谢安临危受命,以一位出色军事家的气度,沉着镇静,无所畏惧,统筹全局,表现出他在精神上有一种压倒敌人的英勇气概,意在使谢玄等一批将领受其感化,从容对敌,才能充分发挥出军事指挥才能。第二天早晨,谢安"指授将帅,各当其任"。他以弟弟谢石为征讨都督,负责前线的全面指挥;同时调西中郎将桓伊为前锋主将,并起用有"军国才用"的青年将领辅国将军谢琰。谢琰为安之子。在淝水之战的关键时刻,朱序劝谢石等乘"(秦)众军未集,宜在速战。若挫其前锋,可以得志"。但谢石等闻苻坚在寿春,"惧,谋不战以疲之"。谢琰则"劝从序言,遣使请战,许之"。而且当秦军向后退却时,首先是谢琰"选勇士八千涉淝水挑战"。可见谢安对淝水之战晋军领导班子的组成,都是经过精心选拔的,而他们确能胜任其职,不负谢安厚望。所以唐初著名军事家李靖说谢安"任将选才,缮完自固",因而取得了淝水之战的最后胜利。当晋军与秦军相持于淝水时,谢玄派使谓苻融曰:"君远涉吾境,而临水为阵,是不欲速战。诸君稍却,令将士得周旋,仆与诸君缓辔而观之,不亦乐乎!"当时苻坚亲临前线,大敌当前,谢玄如此从容镇静,似胜券在握。前此谢玄派刘牢之以五千人渡洛涧,斩秦将梁成及其弟云,破敌五万。随后玄、琰、伊等又渡淝水击溃秦兵三十余万,都是采取先发制人的积极进攻战略,这是谢安临战前充分准备和必胜的信念,在谢玄等将领和兵士实战中的体现。晋军有充分准备,不怯强敌,勇于战斗,士气旺盛,这是淝水之战取胜的根本。谢安以淝水之战"总统功",进拜太保。

  淝水之战秦军大败后,北方又陷入了长期战乱分裂局面。晋廷以东西线接连数次大战之后,宜休养生息,以便待机北伐。太元九年(384年)八月,谢安奏请乘苻氏倾败,开拓中原。之后率军进据彭城,当时河南城堡皆归降晋军。十月,谢玄遣怀陵太守高素以三千人攻秦青州刺史苻朗,军至琅邪郡,朗来降。谢玄又北进冀州。十二月,秦梁州刺史潘猛弃汉中奔长安,梁州复归晋。太元十年(385年)四月,蜀郡太守任权攻拔成都,斩秦益州刺史李丕,益州复归晋。七月,谢安病笃。八月二十二日病故,终年66岁,赠太傅,谥曰"文靖"。

谢安当政时,史称:"时强敌寇境,边书续至,梁、益不守,樊、邓陷没,安每镇以和靖,御以长算。德政既行,文武用命,不存小察,弘以大纲,威怀外著,人皆比之王导,谓文雅过之。"又说:"苻坚百万之众已瞰吴江,桓温九五之心将移晋鼎,衣冠易虑,远迩崩心。从容而杜奸谋,宴衍而清群寇,宸居获太山之固,惟扬去累卵之危,斯为盛矣。"这两段文字基本上总结了谢安主要的历史功绩,即在政治上加强中央集权,彻底消除十一年来桓氏家族对晋廷的威胁,选拔英才,协调大族之间的关系,使君臣上下和睦,文武各得其任,从而政治稳定。他在军事上组建北府兵,最具远见卓识,此乃元帝以来许多执掌朝政者想做而未曾做到的伟业。北府兵不仅巩固朝廷以制约方镇,而且外御强秦,收复失地,并向淮河以北开拓大片领土。在当时北方民族融合还远未完成,全国统一条件尚不具备的情况下,淝水之战的胜利,对东晋政权的稳定及其疆域的开拓、保护江南人民的生命财产,都具有积极的意义。

在谢安"镇以和靖,御以长算"的国策下,晋廷政治和军事形势由危转安,内忧外患消除,并进行政治革新,使政权稳固,内乱消失,国势增强,人民生活安定,这对南方的开发及社会经济的发展,无疑起到了促进作用。陈亮指出:"(王)导(谢)安相望于数十年间,其端静宽简,弥缝辅赞,如出一人,江左百年之业实赖焉。"叶适说:"东晋以名用人……有遇有不遇,或成或否,独谢安一人收用名之效。"

南朝历史的开创者刘裕

刘裕(363—422 年)字德舆,小名寄奴,祖籍彭城(今江苏徐州)人。西晋末年北方大乱,刘裕曾祖父刘混渡江居晋陵郡丹徒县京口(今江苏镇江)。刘裕父翘为郡功曹,早亡。刘裕青少年时代,有远大抱负,因家业衰败而贫困,曾种田伐荻,长期过着艰苦的农耕生活。刘裕年30方为北府兵下级军官,任北府兵将领孙无终司马。在孙恩起义时,晋廷派北府名将卫将军谢琰、前将军刘牢之前往镇压,刘

刘裕

牢之以刘裕为参军。刘裕受牢之重用后,镇压义军,显示了出众的军事才能,初露锋芒。元兴三年(404年)春,刘裕率领北府兵中下级军官于京口和广陵同日起兵,讨伐桓玄。两军大战于峥嵘洲,桓玄军大败。义熙四年(408年)初,晋廷征刘裕入辅,授侍中、车骑将军、扬州刺史、录尚书事,掌握东晋朝政。义熙五年(409年)三月,刘裕上表北讨南燕。义熙六年(410年),晋军攻下广固,俘斩南燕王公以下三千人,送慕容超于建康斩之。这时东晋疆域东北部扩展到青州(今山东境内)一带,与北魏毗邻。同年,他又率军镇压了徐道覆卢循起义。晋廷改任刘裕为太尉、中书监,执掌朝政。义熙十二年(416年),刘裕率大军分四路北伐后秦,翌年亡后秦。

刘裕掌握东晋实权后,沿袭曹氏、司马氏夺取皇位的惯例,在东晋元熙二年(420年)代晋,建立起宋朝。寒门刘裕起兵的胜利和他爬上皇帝的宝座,表明士族在政治上的垄断权被冲破一道缺口。虽然经历宋、齐、梁三代,士族在政治上还有一定的

势力,特别是社会地位一直很高,然而寒门地主也不断地涌进最高统治集团,并逐渐控制着军政实权。从刘裕当政起,首先士族的兵权被解除了,以后有名的将帅大都出身寒门。至于寒人掌机要也就是控制实际政权之事,前人早已指出也是从刘宋开始的。赵翼说:"并左(指南朝)……其他立功立事,为国宣力者,亦皆出于寒人。"以刘裕当政后至宋末为例,中央尚书令(附录尚书事)、仆射(附左、右仆射)、中书监(附令)、侍中、吏部尚书、领军和护军将军(资轻者为中领军和中护军,现并为一项),以及方镇州刺史等五品以上的文武要职官员中,高门士族和寒门庶族出身的人物所占的比例如下:

(1) 中央文武要职士庶比例表

总人数	士族人数	所占比例	庶族人数	所占比例
260	163	63%	97	37%

(2) 方镇士庶比例表

总人数	士族人数	所占比例	庶族人数	所占比例
208	62	30%	146	70%

很明显,中央文武要职官员中高门士族人物仍占大多数,但寒门庶族也占了一定的比例,而州刺史寒门庶族人数则占多数。两晋以来所谓"上品无寒门,下品无士族"的门阀统治局面开始被打破。东晋高级官僚(官职同上)共355人,其中出身寒门庶族地主是绝无仅有的,而且高门包括的66种姓氏中,王氏69人,桓氏26人,司马氏20人,谢氏20人,庾氏15人,周氏13人,陆氏12人,顾氏8人,共计183人。皇室和七家大士族只占总姓氏的12%左右,人数却占总人数的50%左右。这八家大士族中,司马氏、桓氏、庾氏、周氏、陆氏、顾氏等六家大士族,在刘宋

时或者不占重要地位,或者完全衰落了。刘宋政权中高级官员共506人,包括74种姓氏,比起东晋高级官僚所包括的姓氏来,旧姓氏减少30种,新姓氏增加38种。减少的姓氏中大多数是魏晋以来的显赫高门士族,如皇室司马氏、谯国桓氏、颍川荀氏、高平郗氏、范阳祖氏、太原温氏、弘农杨氏、会稽虞氏、颍川钟氏、会稽丁氏、济阳卞氏、丹阳甘氏和纪氏、渤海刁氏、广陵戴氏、魏郡邵氏、颍川韩氏、南平车氏等等。刘宋增加的姓氏中,如庞氏、坦氏、费氏、常氏、吕氏、任氏、姚氏、胡氏、黄氏、申氏、明氏、鲁氏、宗氏、符氏、薛氏、管氏、吉氏、甄氏、苟氏、梁氏、臧氏、程氏、丘氏、路氏、到氏、伯氏等等,大多数是新起的或原来不占重要地位、魏晋以来很少出过军政显贵人物的姓氏。从刘宋开始,由于一部分寒门地主在政治上居于最高地位,以及士族、庶族官职在实际上混同,所以宋、齐时期"士庶杂选",士庶户籍错乱,士庶婚姻相通,士庶区别混淆等所谓"士庶不分"现象的产生,就是不可避免的了。宋、齐时代的检籍斗争,从一个方面说,也是反映了一场士、庶斗争。士族企图把持独享政治经济等封建特权,而寒门庶族地主则采取贿赂办法,"改注籍状",即在户籍上仿造先人官衔,冒充士族。宋、齐36年的检籍斗争终于失败,说明庶族地主兴起并跻入士族行列,已是既成事实,不可逆转。所有这些表明,东晋时少数几家士族把持政权的局面改变了,刘宋政权的基础扩大了,最高统治权正在开始由士族转向寒门庶族手中。也就是说,两晋以来的权门政治开始走向没落,寒门庶族地主逐渐兴起并参与政权。尽管士族地主千方百计地想扭转这种趋势,但整个南朝的历史证明,他们一次又一次地失败了。因此,刘宋时大批寒门庶族地主登上政治舞台,对南朝高门士族没落和寒门庶族地主兴起具有开其端的首要意义。

刘裕掌握了最高统治权后,首先加强中央集权,惩办贪官污吏,使政权机构能够执行一条革新路线。东晋王朝"主威不树,臣道专行,国典人殊,朝纲家异,编户之命竭于豪门,王府之蓄,变为私藏"。刘裕执政后,定"尊主卑臣之义","威令一施,内外从禁"。沈约说晋世"政归辅臣","宋室受命,权不能移"。为了削弱方镇势力,刘宋政权把州统辖区域划小。如东晋一直为方镇所盘踞的荆州(治今湖北江陵)宋初有31郡,至大明时只剩下12郡了。东晋时士族方镇控制朝廷以及进行频繁内战的局面在刘宋时期有了根本的改变。

刘裕出身寒微,曾种田伐荻,比较能体验人民的疾苦。同他一道爬上最高统治层的大批庶族地主,也大多能体察民情。而且刘裕刚掌握朝权,便几乎被农民起义推翻,人民反抗斗争的威力对他们来说,记忆犹新。刘裕将贫穷时所穿衣袄和种田农具收藏,以示子孙,戒勿骄奢。刘裕生活节俭,"清简寡欲,严整有法度。被服居处,俭于布素,游宴甚稀,嫔御至少"。因此"内外奉敬,莫敢为侈靡"。刘裕"以身范物,先以威禁,内外百官,皆肃然奉职,二三日间,风俗顿改"。刘裕和文帝都曾多次遣使巡行四方,考察治道,访问民情,打击贪官污吏。刘裕的参军刘湛"刚严用法,奸吏犯赃百钱以上皆杀之,自下莫不震肃"。当时不少官吏因赃货、聚敛、贿赂、专杀,"被免官"或"下狱"而死。官吏的贪赃枉法,徇私舞弊,受到一定的约束。

第二,抑制士族豪强势力,局部地调整阶级关系。东晋以来,"治纲大弛,权门并兼,强弱相凌,远近知禁"。刘裕在起兵之初,便消灭了京口(治今江苏丹徒区)"奴客纵横"的大士族刁氏,"散其资蓄,令百姓称力而取之,弥日不尽。时天下饥弊,编户赖以济焉"。后来他又下令把临沂(侨县,今江苏江宁区东北）地区王皇后（司马德宗妻，王羲之孙女）的"脂泽田"40顷，分给贫民。义熙七年（411年），会稽（治今浙江绍兴）余姚士族虞亮藏匿亡命千余人被诛，会稽内史司马休之也被免职。义熙八年（412年），下书："州、郡、县屯田池塞，诸非军国所资，利入守宰者，今一切除之。"义熙九年（413年），下令禁止豪强封固山泽。同年，刘裕大规模地实行土断法，只有徐、兖、青三州侨居晋陵（治今江苏常州市）者不在断例。实行土断虽然主要是为了"明考课之科"，增加国家收入，但同时由于"修闾伍之法"，整理户籍。这对士族豪强非法的扩充依附人口又起限制作用。

第三，省刑法，薄赋役，减轻对人民的政治压迫和经济剥削。刘宋政权屡次下诏赦免"亡叛"，并规定"主（守）偷十匹，常偷五十匹死，四十匹降以补兵"。东晋末年立劫科新制："凡劫，身斩刑，家人弃市。"刘裕即位后下诏："往者军国务殷，事有权制，劫科峻重，施之一时。今王道新维，政和法简，可一除之。"如吴兴民薄道举为劫，"同籍期亲补兵"；女巫严道育"夫为劫，坐没入奚官"。"劫"的定罪，由原来家人斩刑，降为补兵或没这官奴婢，显然是减轻了。义熙八年（412年），刘裕下书说江（治今江西九江市）、荆二州"凡租税调役，悉宜以见户为正"，其余杂税，"可悉停省"。刘宋时还改计口税为计资收税，即量力以课税，开始时对于无资或资少农民是有利的。

刘裕当政约20年，即皇帝位3年，于永初三年（422年）卒，年60。他一生中除去镇压农民起义是其污点之外，对外北伐，灭南燕，亡后秦，扩大了南方政权的版图；对内消灭桓玄之乱，革除东晋弊政，减轻了对人民的压榨，提高了人民的生产积极性，促进了南方农业、手工业和商业的发展和繁荣。史家所讴歌的刘宋"元嘉盛世"，实际上，其基础是刘裕打下的。考察刘裕一生军事政治功业,他堪称东晋南朝第一流政治家和军事家,对当时历史的发展起了重要的推进作用。

杰出的革新家魏孝文帝元宏

北魏孝文帝元宏是我国古代一位杰出的少数民族皇帝。他在执政期间(471—499年),对北魏的政治、经济、文化和社会习俗等方面,进行了大刀阔斧的改革,对推动北方各民族的大融合和社会经济文化的发展,做出了不可磨灭的贡献。

魏孝文帝为鲜卑拓跋部人,献文帝(拓跋弘)的长子。皇兴元年(467年)八月生于平城(今山西大同),皇兴三年(469年)被立为皇太子。当时北魏朝政掌握在冯太后(文明太后)手中,献文帝郁郁不得志,于延兴元年(471年)八月传位给年仅4岁的拓跋宏,自己为"太上皇帝"。承明元年(476年),献文帝暴崩,冯太后正式以太皇太后的身份临朝称制。冯太后对汉族封建文化和统治经验十分谙熟,孝文帝自幼就在冯太后的教养下学习汉族封建文化。《魏书·高祖纪》称孝文帝"雅好读书,手不释卷。'五经'之义,览之便讲,学不师受,探其精奥。史传百家,无不该涉。善谈《庄》《老》,尤精释义。才藻富赡,好为文章,诗赋铭颂,任兴而作"。作为中国古代历史上少数有作为的女政治家之一,冯太后对魏孝文帝的改革,起了不容低估的推动作用。如果以迁都洛阳作为界标,把孝文帝改革划分为前后两期,那么,前期改革的重大措施,如均田制、三长制和新租调制的制定和实施,是由冯太后和魏孝文帝共同决策、一起推行的;在后期,魏孝文帝厉行一系列的汉化政策,也与他受冯太后长期的汉族封建文化教育与政治思想影响有着直接的联系。

北魏前期,民族矛盾和阶级矛盾都非常尖锐。从北魏统一北方到孝文帝改革前,共发生农民起义和少数民族的反抗斗争约120余次。从孝文帝即位(471年)到实行均田制(485年)前短短14年中,共发生各族人民起义27次,平均每年约两次。鲜卑贵族与汉族地主阶级的矛盾也是北魏前期的一个重要社会矛盾。在鲜卑统治集团中,以皇帝为代表的封建文化贵族同留恋落后制度的部落显贵之间也存在着矛盾,这一矛盾随着拓跋部封建化的加深而加剧。北魏统治者要想缓和阶级矛盾和民族矛盾,使政治形势趋向稳定,就必须对人民减轻经济剥削和政治压迫,实行发展农业生产的措施。

正是在这种历史条件下,魏孝文帝采纳了李安世的建议,于太和九年(485年)正式颁布了均田令。均田令的主要内容可以归纳如下:

(1)男丁年15以上授露田(不栽树的田)40亩,妇人20亩。在有条件的地区,加倍授田,以备休耕。男丁每人授桑田20亩,课种桑、枣、榆树。不宜种桑地区,男丁授田10亩,妇人5亩。奴婢和耕牛授田,奴婢授田办法,同于男丁妇人,而且人数不限。丁牛每头授露田30亩,只限4牛。

(2)露田不准买卖,"年及课则授田,老免(课)及身没则还田"。奴婢和耕牛,有则授田,无则还田。"诸桑田皆为世业,身终不还",并可以买卖。

(3)人多地少之处,居民可迁向空荒地区,"唯不听避劳就逸"。土广民稀之处居民"不得无故而移",可以"随力所及"向官府申请借种授田后余下的土地。

(4)民户因犯罪流徙或户绝的,其土地归国家所有,作为均田授受之用。

北魏政权在推行均田制时,必然要强化地方政权,清理户籍。所以在均田令颁布的第二年(486年),孝文帝采纳李冲的建议,"初立党、里、邻三长,定民户籍",以三长制取代了原来"百室合户,千丁共籍"的宗主督护制。三长制以5家立一邻长,25家立一里长,125家立一党长。三长的职能是校比户口,催督赋役,推行均田。通过三长制,北魏政府能够有组织和大规模地整顿户籍,把大量"隐丁漏口"重新编制为国家的编户。三长制的推行,不利于豪强地主苞荫户口,遭到他们的强烈反对。孝文帝在冯太后的支持下,排除干扰,坚决推行。

为了保证均田制的实施,孝文帝于太和十年(486年),采纳李冲的建议,实行新的租调制度。规定一夫一妇之家,每岁出租税粟2石,帛1匹,此外还有徭役。奴婢不给国家服徭役,"奴任耕,婢任绩者",出一夫一妇租调的八分之一,即奴婢一口,岁出2斗5升,帛5尺。产麻布之乡,一夫一妇布1匹。新的租调制比起均田制前"九品混通"的租调制,大致平均减轻了二分之一。

均田制虽然没有从根本上改变士族豪强地主大土地所有制,但在均田制下,政府将苑囿、禁地、牧场、荒地给予农民。而且农民所分得的露田,严禁买卖,田主死亡要归还政府,重新分配,使农民的小块土地不易被士族豪强兼并。由于均田制既不违背封建统治阶级的根本利益,又多少能满足农民的要求,对土地兼并能起到一定的限制作用,有利于保护个体小农的稳定性,因而能够基本上适应当时农业生产力的发展要求,成为中国封建社会中期延续近300年之久的一种重要田制,一直推行到中唐。同时新租调比旧租调减轻了,国家清查户籍严格,那些被士族豪强剥削"倍于公赋"的荫庇人口,大批地变为国家领民,生产积极性提高了,社会生产力得到发展。北魏自实行均田后,垦辟了不少荒地,北方长期战乱遭到破坏的农业生产,这时逐渐恢复起来,人民生活比较安定,社会安定,社会经济也逐渐繁荣。均田制、三长制和新租调制三者互为配合,互为条件,取得了巨大的成效。在推行过程中,孝文帝及其支持者冯太后表现出高瞻远瞩的政治眼光和卓越的组织才能。

太和十四年(490年),冯太后病故。年方23岁风华正茂的孝文帝亲理朝政,把改革推进到一个新的阶段。后期改革的主要内容是迁都和厉行一系列改革鲜卑旧习的汉化政策。北魏均田制推行后,社会经济逐渐恢复,政治形势趋向稳定,为进一步控制北方各族人民,所谓"光化中原",北魏王朝于太和十八年(494年)迁都洛阳。紧接着,进行了一系列汉化措施。

(一)改鲜卑姓为汉姓。鲜卑人原为复姓,魏孝文帝下令将复姓一律改为汉族单姓。太和二十年(496年),改帝室拓跋氏为元氏,将丘穆陵氏改姓穆氏,步六狐氏改姓陆氏,贺赖氏改姓贺氏,独狐氏改姓刘氏,贺楼氏改姓楼氏,勿钮于氏改姓于氏,纥奚氏改姓嵇氏,尉迟氏改姓尉氏。北魏初期所统的部落118氏,大都改为汉姓,"其余所改,不可胜纪"。

(二)禁胡语,易胡服。孝文帝规定汉语为标准语,即"正音"。太和十九年(495年)六月,下诏:"不得以北俗之语(指鲜卑语),言于朝廷,若有违者,免所居官。"孝文帝向群臣讲:"今欲断诸北语,一从正音(汉语)。"规定魏廷中30岁以下的人,全说汉语,如有故意不改,"当降爵黜官"。孝文帝认为"如此渐习,风化可新"。禁止胡语是汉化的重要一环,因为只有掌握了汉语,才能学习先进的汉族文化。同时,禁止鲜卑胡服,仿照南朝制定官吏的衣冠。鲜卑人不论男女,都改穿汉人服装。孝文帝在京城见车上妇人,"冠帽而着小袖襦袄者",便严责尚书元澄问:"何为不察?"由此可见孝文帝对于汉化政权的实施十分关切。

（三）定姓族。孝文帝通过法律形式在北方重建魏晋以来盛行的士族门阀制度。一方面,对汉族地主阶级,以范阳卢氏、清河崔氏、荥阳郑氏、太原王氏为四姓。又以赵郡李氏,"人物尤多,名盛家风",与四姓共称五姓。又以当代官爵高低定郡姓。另一方面,对鲜卑贵族,规定穆、陆、贺、刘、楼、于、嵇、尉八姓与汉族四姓地位相当,不得授以卑官。对八姓以外的鲜卑贵族,也规定了不同的流品。鲜卑贵族借助于"以贵承贵,以贱袭贱"的门阀制度,完成了自身的门阀化,同汉族士族几乎没有什么差别了。

（四）通婚姻。孝文帝在定鲜卑和汉人族姓的基础上,提倡鲜卑贵族与汉族高门通婚。他自己以范阳卢氏、清河崔氏、荥阳郑氏、太原王氏四姓之女为夫人,又使封王的五个弟弟皆娶士族高门之女为妻。通过胡汉通婚,使胡汉最高统治层在血统关系上融合起来。

（五）变制度。北魏初年,胡汉官制杂用。孝文帝迁都洛阳后,掺杂魏晋南北朝汉族官制,中央设置三师、三公、尚书、中书、四征、四镇和九卿等官职,地方则全部设置州刺史、郡太守、县令等各级官吏,又建立王、公、侯、伯、子、男等爵位,使行政机构和职官名称全部汉化。在礼乐制度方面,祭祀、丧礼、冠礼,采用汉制,改易旧习。孝文帝从太和元年(477年),诏令群臣修订律令,至太和十六年(492年)颁布新律。史称:"至于太和,然后吏清政平,断狱省减。"孝文帝主持厘定的魏律,上承汉晋,旁采南朝,下启隋唐,在中国法律史上具有一定的地位。

孝文帝厉行的一系列的改革措施,在客观上顺应了当时社会历史发展的趋势,有力地推动了鲜卑族政权向汉族模式的封建王朝的转化,促进了北方各民族大融合的历史进程。均田制施行后,黄河流域的农业生产发展到一个新的水平,在户口激增和经济实力增长上北强南弱的形势基本形成。魏孝文帝的改革,也是西晋末年以来将近200年间北方民族关系大变动的一个历史总结。它以政权的力量,采取行政措施和法律形式,促使内迁的数以百万计的鲜卑族人和其他少数民族同汉族更快地融合起来。

魏孝文帝是改革的主持人和设计者。他具有相当高的汉文化素养,思想开明,富有政治远见和实干精神。史称其"听览政事,莫不从善如流。哀矜百姓,恒思所以济益;尚书奏案,多自寻省。百官大小,无不留心,务于周洽;雄才大略,爱奇好士,视下如伤,役己利物"。孝文帝英年早逝,在其执政时期,孜孜不倦,勤奋好学,自强不息,励精图治,不断地总结汉族封建政权的统治经验,这在汉族封建政权有作为的帝王中也是少见的。他不愧是中古时期最杰出的政治革新家。他坚定不移地实行的一系列革新措施,对整个中古历史的发展起了极其重要的推动作用。

民族

儒家民族观

我国自先秦到明清,周边及北方南下的少数民族与汉族的同化与融合,对我国古代政治、经济、文化和社会的发展,影响颇为深巨。因而古代先哲对此给予极大的关注,其中尤以儒家为显著。关于儒家民族思想,不少史家多强调其"夷夏之防""尊王攘夷"之说。其实,这是儒家针对华夷矛盾尖锐时,夷狄侵扰中夏的现实提出的。我们应当对儒家民族思想体系做全面的理解,尤其是要揭示其进步的一面,以利于借鉴弘扬优秀传统文化。康有为在《论语·八佾》注中阐述孔子的夷夏观时曾说:"故夷狄而有德,则中国也;中国而无德,则夷狄也。"他在《论语·子罕》注中又说:"其始夷夏之分,不过文明野蛮之别。故《春秋》之义,晋伐鲜虞则夷之,楚人入陈则中国之,不以地别,但以德别,若经圣化,则野蛮进而文明矣。"康氏对孔子夷夏关系说的诠释,深得其底蕴。《春秋公羊传》把古史分为三个阶段,各个阶段的夷夏关系也不同。据乱世,"内其国而外诸夏";升平世,"内诸夏而外夷狄";太平世,"夷狄进至于爵,天下远近大小若一"。这是说,夷夏处于平等地位,其地域可以相互转化。故国学大师章太炎指出:"《春秋》之义,无论同姓之鲁、卫,异姓之齐、宋,非种之楚、越,中国可以退为夷狄,夷狄可以进为中国,专以礼教为标准,而无有亲疏之别。"

到了战国时代,长期战乱纷争,人民普遍要求统一。儒家为适应时代的要求,在《春秋》大一统思想指导下,站在历史进程的制高点,对华夷关系发展变化做出了带本质性的总结。这就是孟子说的:"吾闻用夏变夷者,未闻变于夷者也。"孟子这个精辟的科学结论,是根据历史真实得出的。他认为夏禹"东夷之人也",文王"西夷之人也。地之相去也,千有余里,世之相后也,千有余岁。得志行乎中国,若合符节。先圣后圣,其揆一也"。这里指出,夏禹或文王虽地处相隔很远,历史时代前后相去甚久,又都出自夷族,但他们治理中国的法度是相同的,意指用华夏文化治理国家,因而都成为华夏文化的开创者。在孟子看来,无论禹和文王,都是把东夷、西夷文化最终变为华夏文化,他们也就成为华夏族的圣人,即"先圣后圣"之谓。孟子根据夷夏关系发展的历史实际,所提出的"用夏变夷""未闻变于夷"的科学论断,实质上是指文化相对落后的民族被文化相对先进的民族所"同化",而不是相反,这是历史发展的必然。

先秦儒家思想的核心有五个支撑点:一是"仁爱""仁政""礼乐";二是人性善及修身养性;三是"君子敬而无失,与人恭而有礼,四海之内,皆兄弟也";四是文化传承的教育思想"有教无类";五是《春秋》大一统理论。儒家民族思想理论体系,正是从其学说思想核心出发形成的。"仁"者爱人,"仁政"爱民。夷狄也是人和民,当然在被爱之列。夷狄既是人,性必善,通过教育和修身提高其善行。他们文化虽相对落后,但通过德政"礼、乐"教化,完全可以提高为华夏文化。既然夷夏是兄弟,当然要平等互助,团结和睦。尤其要实现《春秋》大一统天下观,就必须用华夏文化影响、提高夷狄文化,使相互交融,以实现"夷夏一家,天下一统"。可以说,这是儒家民族观的最终理想。由此,我们发现就儒家整体民族理论而言,其积极进步的一面是主要的,其消极落后的一面是次要的。以孔孟为代表的儒家民族理论体系核心,或者说其内在联系在于,民族文化差异可以趋同,这就是通过民族平等、仁爱、仁政、修身,以及实施"礼、德"教化来实现,其结果华夏相对先进的文化"同化"夷狄相对落后地区的文化,即孟子说的"用夏变夷",以达到儒家理想的华夷文化一体,天下一统的大同世界。

关于民族融合的理论,人们最熟悉的是马克思和恩格斯的著名论断。马克思在《不列颠在印度统治的未来结果》一文中指出:"相继征服过印度的阿拉伯人、土耳其人、鞑靼人和莫卧儿人,不久就被当地居民同化了。野蛮的征服者总是被那些他们所征服的民族的较高文明所征服,这是一条永恒的规律。"恩格斯在《反杜林论》中进一步指出:"每一次由比较野蛮的民族所进行的征服……在绝大多数情况下,都不得不适应征服的存在的比较高的'经济情况';他们为被征服者所同化,而且大部分甚至还不得不采用被征服者的语言。"这里,马克思所讲的"较高文明",恩格斯更明确地用比较高的"经济情况"来代替,因为文明或文化决定于经济发展的状况。如果将孟子的民族融合观,同马克思、恩格斯提升的民族斗争和融合理论相对照,我们发现,儒家"用夏变夷""未闻变于夷",也即在民族关系中,总是先进民族文化"同化"后进民族文化的观点,同马克思、恩格斯关于人类民族文化同化的"永恒的历史规律",其内涵颇为相似。只不过前者是自发地对历史现象客观的叙述,后者是以唯物论观点自觉地对历史发展的规律的升华,而且前者主要是从我国国内民族融合中得出的,后者则是从世界范围内外部民族入侵别的民族被同化而得出的普遍规律。

我们知道，儒家思想是中华文化的主干，尤其是属于政治思想的民族理论更是如此。它给以后开明的政治家和哲人深远影响，为其实行民族平等，以及"用夏变夷"的民族政策，或论述有关民族问题，提供了重要的理论依据，有的甚至自觉地作为"用汉变夷"的指导思想。西汉《淮南子·时则训》继承儒家思想，提出了我国古代"五位一体"的民族关系模式，其"中央之极"为黄帝"所司"，其余四方祖先都是华夏族的创始人古帝。同书《俶真训》篇还说"四夷"与华夏族皆一家兄弟，所谓"万物一圈也"。无论儒家民族思想，或马、恩关于民族融合的"永恒的历史规律"，其关键皆在于人类先进文化推进民族融合进程的不可抗拒性，即在民族关系发展进程中，文化相对后进的民族必然被文化相对先进的民族所"同化"。在我国历代民族关系中，汉胡统治者比较自觉地实践儒家民族理论并收到实际成效的，当以十六国北朝至唐初最为显著。

十六国北朝民族融合的趋同性

十六国北朝时期民族融合进程可以分为三个发展阶段，前秦苻坚时为早期，北魏孝文帝时期为中期，北周文（追谥）、武二帝时期为晚期。尽管他们所处时代先后不同，民族类别不同，政治经济形势存在着差异，在汉化进程中各具特色，但他们在各方面又存在诸多相同点，或相似之处，我们称之为趋同性。这是由马、恩所示"永恒的历史规律"的制约，以及儒家"用夏变夷"理论也即汉化的指引，加之三个领导汉化集体自觉地实践儒家民族理论等三条所决定的。

第一，秦王苻坚、北魏孝文帝、北周文、武二帝，他们天资聪慧，汉文化水平颇高，因而深明汉文化优秀传统内涵，及其对本民族文化素质提高的重要性，从而能准确地掌握汉化的指导思想。

苻坚"博学多才艺，有经济大志，要结英豪，以图纬世之宜"，对汉族历史典籍十分熟悉，每与群臣论对，常随口引用历史典故，并深得其意蕴。他的经学造诣很深，曾巡视太学，问难《五经》，博士多不能对。史称其"雅量瑰姿，变夷从夏……遵明王之德教，阐先圣之儒风，抚育黎元，忧勤庶政"。

孝文帝（元宏）在四帝中汉文化素养最高，据《魏书·高祖纪》载："雅好读书，手不释卷。'五经'之义，览之便讲，学不师受，探其精奥。史传百家，无不该涉。善谈《庄》《老》，尤精释义。才藻富赡，好为文章，诗赋铭颂，任兴而作。有大文笔，马上口授，及其成也，不改一字。自太和十年（486 年）已后诏册，皆帝之文也。自余文章，百有余篇。"史称其"雄才大略……经纬天地"，"听览政事，莫不从善如流。哀矜百姓，恒思所以济益"，"爱奇好士，情如饥渴"。

周文帝（宇文泰）长处戎阵之间，无缘系统学习汉文化，但"轻财好施，以交贤士大夫"。他行原州事时，"法令齐肃，赏罚严明"，"抚以恩信，民皆悦服"。史称其"知人善任使，从谏如流，崇尚儒术，明达政事，恩信被物，能驾驭英豪"。可见周文帝汉文化根基虽不太深，但对儒家治国要旨，识见明睿。

周武帝（宇文邕）"幼而孝敬，聪敏有器质"，周文帝深异之，曰："成吾志者，必此儿也。"他精于儒学，还通佛、道经义。曾两次集百僚和沙门、道士等，亲讲《礼记》。他先后七次召集群臣及沙门、道士等"论难"三教先后，"以儒教为先，道教为次，佛教为后"。

以上四帝,皆崇尚儒家,有较高的汉文化素养,又各自称是远古有扈氏(苻氏)、黄帝(鲜卑拓跋氏)、炎帝神农氏(宇文氏)之后,皆为华夏族苗裔。他们一旦登上皇帝位,君临天下,必然对儒学宏义(包括进步民族观)心领神会,并付诸实践。

第二,四帝进步的民族平等和睦思想。苻坚提出:"黎元应抚,夷狄应和,方将混六合以一家,同有形于赤子。"匈奴左贤王卫辰降,苻坚许其徙于内地。魏孝文帝曾言:"凡为人君,患于不均,不能推诚御物,苟能均诚,胡越之人亦可亲如兄弟。"周武帝也说"怀远以德,处邻以义",从而达到"八纮共贯,六合同风"。这是指以德义对待边远四方夷人,使得举国共贯同风,汉夷混如一家。四位明君都主张各民族亲如兄弟,团结平等,和睦相处,消除彼此敌对和歧视,在实行"德政"的原则下,逐步推进以汉文化为主的民族融合进程。他们既具有较高的汉文化素养,又主张各民族平等团结,这是实行汉化的首要条件。

第三,秦王苻坚、魏孝文、周武三帝在推进民族融合过程中,都具有实行方针政策的坚定性。其中最重要的是所谓"大义灭亲",严惩保守顽固势力对汉化的阻挠。如苻坚不顾宗室贵戚群起反对,坚决助王猛在数旬之间,诛杀苻氏贵戚20余人,其中包括苻坚堂舅、苻健妻弟强德等人在内。孝文帝在迁都洛阳实行汉化的关键时刻,尚书左仆射穆泰与恒州刺史陆睿联合乐陵王思誉、安陵侯元隆、阳平侯贺头等一大批王公重臣谋反,反对迁都汉化。孝文帝当机立断,命元澄以迅雷不及掩耳之势,彻底摧毁了这个牵连宗室重臣百余人的反汉化守旧势集团。甚至皇太子恂反对迁都汉化,孝文帝也大义灭亲赐恂以死。

第四,关于四帝实行汉化的辅臣,各有一个在政治上有较高水平的群体,其中以前秦王猛、北魏李冲、王肃、北周苏绰、卢辩等五位汉族士人为代表,除王猛外,其他四人皆出身高门。他们不但汉文化素养高,而且为识时务之俊杰。前秦王猛出身寒士,从其"宰宁国以礼,治乱世以法"及文韬武略看,他深明儒、法、兵家治国安邦之术。他"崇尚儒术",更易于接受儒家进步民族观,以澄清天下为己任,显然具有儒家经世致用"治国平天下"的人生价值取向。

北魏李冲深通儒家礼典及治国要旨,且识鉴甚高。太和十年(486年)以后,"议礼律令,润饰辞旨,刊定轻重,高祖虽自下笔,无不访(冲)决焉"。王肃为琅邪王氏名相王导之后,"少而聪辩,涉猎经史",长于《周礼》《易经》。太和十七年(493年)奔魏,孝文帝"虚襟待之,与其论为国之道,肃陈说治乱,音韵雅畅,深会帝旨"。正值孝文帝迁都汉化之时,礼乐朝仪,皆深仰于肃。

苏绰"少好学,博览群书","有王佐之才"。周文帝间以"治道",绰"指陈帝王之道,兼述申韩之要"。文帝"整衣危坐,不觉膝之前席"。即拜绰大行台左丞,"参典机密"。苏绰制《六条诏书》,不仅显示其汉文化水平高,而且对两汉以来德、法治国之道做了全面深刻的总结和阐述,乃中古治国之宏论。卢辩家"累世儒学",文帝以辩"有儒术,甚礼之,朝廷大议,常召以顾问","魏太子及诸王等,皆行束脩之礼,受业于辩"。五位辅臣不仅汉文化水平高,而且深明德法治国之道,能掌握中央封建专制集权政体的典制,故能助君主制定出汉化的正确方针政策。

第五,王、李、王、苏、卢等五位汉化辅助大臣,均非一般儒生俗士。他们深刻认识到身处非常时代,必须从儒家进步民族观出发,站在整个中华民族和全国求统一、求富强的立场,摒弃儒家"夷夏之防",以及狭隘的汉民族大义、气节、正统之类违时的落后观念,故能认清十六国北朝历史发展的主流,辅佐少数民族英明君主,坚定不移地实行儒家"用夏变夷"的方针政策,以促进在以汉族文化为主的前提下各民族融为一体,使北方政局趋于稳定,社会经济恢复发展,人民生活安定,综合国力加强,最终实现全国的统一。其实,三个领导集体的明君贤宰都能清醒地认识到,当时实行汉化乃历史发展的必然之势。《晋书》作者指出苻坚、王猛"变夷从夏";魏初崔浩讲的"变风易俗,化洽四海";孝文帝太和八年(484年)诏"故变时俗,远遵古典";周文帝"恒以反风俗,复古始为心";周武帝反复强调的"朝政维新",都是以不同提法,表明"用夏变夷"的一个思想。上述君臣对当时形势的清醒认识,乃是其自觉地实行汉化的前提。

第六,三个时期都大力兴办学校教育,崇尚儒学,特别尊祀孔子。因为他们深知"考九流之殿最,校四代之兴衰,正君臣,明贵贱,美教化,移风俗,莫尚于儒"。当东晋南朝玄风弥漫之际,十六国北朝则儒风雄劲,各自形成鲜明的特色,这是南北朝政治形势和文化差异所决定的。其二,"礼乐"为儒家思想之核心,因此在他们施政时,礼教为先,制礼作乐。尤其是孝文帝、周武帝考订五礼,推演雅乐。其三,德刑并举,德治为先。尤其是孝文帝重视援经入律,反酷刑而合经义。《论语·为政》篇中认为:"为政以德,譬如北辰,居其所而众星拱之。"

第七,苻坚、孝文帝、周武帝都狂热地谋求全国统一,企盼为正朔所归,做一位"后圣"。苻坚"每思天下未一,未尝不临食辍哺","江东未平,寝不暇旦"。可见他为实现天下统一,已达到了废寝忘食的地步。孝文帝曾多次向群臣表达其欲统一全国的宏图远志。迁都洛阳后,紧接着从太和十八年(494年)十二月到太和二十三年(499年)三月约五年内,三次率大军南征,卒于最后一次南征途中。在临死遗诏中还念念不忘说"迁都嵩极,定鼎河瀍,庶南荡瓯吴(指萧齐),复礼万国,以仰光七庙,俯济苍生。困穷早灭,不永乃志"。周武帝于建德六年(577年)灭北齐统一北方后,紧接着在宣政元年(578年)五月,匆忙挥师北伐,欲平定突厥解除后顾之忧后立即南征,不幸暴卒于北伐途中。周武帝遗诏中也是以未实现统一全国为憾:"将欲包举六合,混同文轨。今遘疾大渐,气力稍微,有志不申,以此叹息。"可见孝文、周武二帝,皆以统一全国壮志未酬为遗恨。

　　三帝如此热衷于实现全国统一,到底是什么原因和心态促使其这样做?我们以为除了苻坚因统一北方,西定巴蜀,有数胜而骄的因素外,三帝都急切地期望尽快统一全国,主要为实现儒家民族观"汉夷一家,天下一统"的大同世界,以完成儒家民族理论体系所阐述的全过程,从而做孟子所褒奖的一位"后圣"。因为只有实现了大一统的君主,才能真正为"正朔"所归,成为彪炳史册的明君圣主。如苻坚一再宣称"但思混一六合,以济苍生";"朕忝荷大业,巨责攸归,岂敢优游卒岁,不建大同之业"。当苻融劝阻其南伐,举出"且国家戎族也,正朔会不归人"时,苻坚回答说:"帝王历数岂有常哉,惟德之所授耳!汝所以不如吾者,正病此不达变通大运。"苻坚不正面回答"正朔"问题,他从儒家"行中国之道",即为正朔所归的大义出发进行反驳。他认为只要实行德政,完成统一天下大业,正朔自然所归。苻坚固执的南征行为,最典型地反映了孝文帝、周武帝等少数民族帝王欲实现全国统一而居于正统地位的急切心态。

　　秦王苻坚,魏孝文帝,北周文、武二帝,不但雄才大略,有驾驭英豪的才能和魄力,又能克己正人,勤政爱民,任贤选能,从善如流,节俭御物,体验民情,这些作为君主最难全面做到的,他们都做到了(苻坚后期稍差)。而五位辅宰,不仅有治国才略,而且励精图治,孜孜不倦,忠于君主,忧勤王政,廉洁奉公,为国事"鞠躬尽瘁,死而后已",这些是宰臣难以全面做到的,他们也都做到了。在上述君臣九人身上体现了中华民族自强不息,革故鼎新,勇于奉献的优秀精神和品格。他们同其他有关人物一起创造了中古汉族与"五胡"民族融合最后完成的丰功伟绩,为唐代盛世的出现奠定了坚实的基础,永远值得人们称颂。

十六国北朝各少数民族融入汉族总人口数考

魏晋南北朝是我国中古民族大融合时期,加入民族融合队伍的不仅有匈奴、氐、羌、羯、鲜卑所谓"五胡",还有乌桓、柔然、高车、蛮、獠、奚轲、蜀、稽胡等13个民族,而且民族融合进程持续将近400年之久。因此史家都认为魏晋南北朝时期的民族融合对中古历史进程影响十分深远。但这13个少数民族融入汉族的总人口数究竟有多少?我们可以根据现存的文献资料,推算出一个大致可信的数据。

匈奴与汉族融合的人口数:曹魏末年,南匈奴五部共29 000余落。当时史籍记各少数民族人口数时,常将落、户、家相混,故一般认为落同于户,以每落5口计,魏末南匈奴,共约145 000人。西晋初年,塞外匈奴2万余落归化,共约10万余口。武帝太康五年(284年)十二月,匈奴胡太阿厚率29 300余口归化,处于塞内西河。太康七年(286年)秋,复有匈奴都大博等率10万余口,诣雍州降。太康八年(287年),又有匈奴都督大豆得一育鞠等率11 500人内附。北魏永兴五年(413年)七月,河西匈奴曹龙等"拥部落二万余人降"。神瑞元年(414年)六月,河西匈奴刘遮等"率部落万余家渡河内属"。神瑞二年(415年)二月,河西匈奴刘云"率数万户内附"。此以2万户计,则上述三次内附河西匈奴共约17万人。如果加上东汉时历次内迁置于沿边郡县的匈奴30余万人,则上述内迁和降附的南北匈奴共约855 800人。

氐族与汉族融合的人口数:东汉末年,氐人在武都地区形成四股势力,其中兴国氐、百顷氐、下辩氐各拥众万余落,共约3万余落,约为15万人。再加上河池氐万余人,共约16万人。东汉建安二十四年(219年),曹操令雍州刺史张既至武都"徙氐五万余落出居扶风、天水二郡界"。5万落约为25万人。曹魏青龙三年(235年),武都氐王双等率其属6 000余人来降。据此,知武都氐人共约256 000人。

前秦建元十六年(380年),苻坚"分三原、九嵕、武都、汧、雍氐十五万户,使诸宗亲分领之"。以每户5口计,为75万人。此外,苻坚南征时,苻融曾说:"太子(宏)独与弱卒数万留守京师。"太子所领"数万"兵士当为氐族,权以2万计。在淝水之战中,苻融、张蚝、梁成、慕容垂等所率25万前锋中,除慕容垂所率3万余人为鲜卑外,其余约22万人皆为氐族之精华。上述氐族总人口数,共有约99万。

羌族与汉族融合的人口数:魏晋十六国北朝羌族人口数不明,但东汉历次羌族内迁人口数有材料可稽。东汉从建初二年(77年)到建宁二年(169年)的92年内,内迁羌人降附总数约为755 680人。我们知道,这些迁往今陕西、甘肃及河南地区的羌族,到北魏后期逐渐与汉族融合了,留下塞外西羌一部分到隋唐时期才完全与汉族融合。内迁羌人其内迁时间,最晚的离西晋建国有96年,离东晋建国约有148年,按人口自然增殖,羌族人口数应有大幅度增加。但汉末和西晋末两次战乱、灾荒、疫疾，羌族人口当有死亡流散，如以人口自然增殖数同两次战乱死亡流散相抵消，或可接近史实。

鲜卑族与汉族融合的人口数。东部鲜卑慕容氏、段氏、宇文氏融入汉族人口数：前秦建元六年（370年）灭前燕，徙慕容玮等鲜卑部民4万户，共约20万人于长安。经过十七年后西燕慕容颉于建明元年（386年）"帅慕容鲜卑男女四十万口去长安而东"。慕容垂于燕元元年（384年）建立后燕，其子、侄等奔赴时，共有20万人。这20万人中，民族成分复杂，有丁零、屠各、乌桓及汉人在内，但主要应为鲜卑人，如果减去一半，慕容鲜卑仍有10余万人。南燕慕容德时"有步骑三十七万，铁骑五万三千"。步兵民族成分较复杂，铁骑主要当为鲜卑人。各少数民族游牧经济所谓"士力能弯弓，尽为甲骑"。则每一骑士家庭老、小、妇人应有5人，因而一般以一名骑兵战士代表一家。我们为了防止统计数的夸大不实，概以2名骑士为一户，则慕容德铁骑应合为26 500户，共约132 500人。东部慕容氏鲜卑共有632 500人。

徒河段氏鲜卑，在段就六眷之父务目尘时称臣于西晋，"其所统三万余家，控弦上马四五万骑"。后赵石虎于建武四年（338年）征段辽，"徙段氏部民十万余户于司、雍、兖、豫四州"。石虎所徙必为段氏强部，其余部仍在原处。故段氏鲜卑3万户，共约15万人应是可信的。

宇文氏出自匈奴，其所统为鲜卑人。东晋太兴二年（319年），宇文鲜卑讨伐前燕慕容廆时，有"士卒数十万，连营四十里"。这数十万士卒中，民族种类复杂，其中宇文鲜卑士卒数不明。但慕容廆与宇文乞得龟相攻，乞得龟失败，"廆徙其部人数万户以归"。这"数万"如估计为3万户，则宇文鲜卑约有15万人。上述东部鲜卑共有932 500人。

西部鲜卑乞伏氏、秃髮氏、吐谷浑氏人口数:十六国西秦乞伏国仁五世祖祐邻,西晋泰始(265—274年)初年,率5000户迁于夏缘,又并鲜卑鹿结7万余落,居于高平川。祐邻孙利那击鲜卑吐赖及尉迟渴权等收众3万余落。这里除去尉迟部非鲜卑族外,以鲜卑人居一半为1.5万余落计。利那子述延立,讨鲜卑莫侯于苑川,降其众2万余落。至乞伏国仁统其众于东晋太元十年(385年)建立西秦。西秦建议二年(386年),祕宜与莫侯悌(眷)率3万余户降国仁。且在此前曾"率羌、胡三万余人攻国仁",故他所率3万余户应有部分羌人,这里以其一半1.5万余落计。上述乞伏氏在建立西秦前后所征服的鲜卑共计有125 000余落,以每落5口计,共约625 000人。

十六国南凉秃髮傉檀元年(407年),率步骑5万伐沮渠蒙逊时,有骑兵2万。这2万骑兵应主要是秃髮部人,仍以2名骑士为一户计,共约1万户,而傉檀败亡时也曾说:"吾众在北者户垂一万"。以每户5口计,应为5万余人。

吐谷浑,慕容廆之庶长兄,"率部落一千七百家西迁"。至视罴时"控弦之士二万"。北魏太延二年(436年)慕利延立。太平真君五年(444年),太武帝拓跋焘派晋王伏罗征讨慕利延,"其从弟伏念率众一万三千落归降",应为6.5万人。太平真君六年(445年)八月,封敕文击吐谷浑什归于枹罕,"分徙千家还上郡"。1000家为5000人。隋大业四年(608年)七月,左翊卫大将军宇文述破吐谷浑于曼头城和赤水城,"前后虏男女四千口而还"。隋大业五年(609年)五月,炀帝派兵部尚书段文振等四人围攻吐谷浑主伏允,"其仙头王被围穷蹙,率男女十余万口来降"。上述吐谷浑降附的共有17.4万人。以上西部鲜卑共计

849 000 人。

北部鲜卑拓跋氏人口数:鲜卑拓跋部在代国建立前,猗卢于304年总摄三部,"控弦骑士四十余万"。306年,晋封猗卢为大单于代公,使助刘琨抗汉。猗卢徙鲜卑部落10万家至陉北马邑等五县空地(刘琨徙汉民让出)。10万家应有50万人。什翼犍三十六年(373年)五月,燕凤第二次使秦答苻坚问:"控弦百万,号令如一。"坚以不实,又问:"彼国人马实为多少?"燕凤改口说:"控弦之士数十万。"苻坚才表示相信。北魏登国五年(390年),卫辰遣子直力鞮征贺纳,纳向魏主告急请降。道武帝"简精骑二十万救之"。北魏皇始元年(396年),道武帝拓跋珪"亲率步骑四十余万"击后燕。同时又派将军封真等三军,从东道出击幽州。在此前一年即登国十年(395年),北魏与后燕对抗时,道武帝命陈留公拓跋虔等三将分统骑兵22万,准备围攻后燕军。加上道武帝所率主力骑兵,总共当不下30万人。

从以上诸史实揆之,北魏初年有30万骑兵无疑。而且当时统率骑兵的主将全为拓跋氏宗室,其骑兵应主要为拓跋部人。其30万骑兵,为15万户,共75万人。

以上东、西、北三方面的鲜卑总人数,共约有2 531 500人。

乌桓(乌丸)与汉族融合人口数:东汉末灵帝建宁元年(168年)辽西、上谷、辽东、右北平四郡乌桓共计有15 800余落。马长寿认为,此处所谓"落",乃指由若干个小落组成的帐落群而言。每个帐落群约有20余口,则15 800落之乌桓人口数,当为30余万人。曹操于建安十二年(207年)平乌桓,"斩其蹋顿及各王以下,胡汉降者二十余万口"。曹操所平为辽东、辽西、右北平三郡乌桓,如以汉人流入三郡为投降总人口数的二分之一计,则三郡乌桓即"诸豪弃其种人"为10余万人。当时乌丸校尉阎柔率其所统辖幽、并二州"乌丸万余落,悉徙其族居中国"。这1万余落,仍依马氏推算当为20万人。那么,建安时乌桓人口数仍为30万口左右。后赵时,乌桓展广、刘哆、薄盛率户3.5万降于石勒,以每户5口计,为17.5万人。石勒平王浚,迁乌桓首领番广、渐裳、郝袭、靳市等到襄国,此四人当为乌桓强族首领,其所统部落当不会少于上述乌桓降户。故以乌桓总人口数为30万计,当不为过。

柔然(茹茹、蠕蠕、芮芮)与汉族融合的人口数:北魏神䴥二年(429年)五月,太武帝拓跋焘率长孙翰等从东西两道夹击柔然,"柔然种类前后降魏者三十余万落,获戎马百余万匹,畜产、车庐、弥漫山泽"。这30万落,以每落5口计,为150万人。太平真君十年(449年)正月,柔然绵他拔等率千余家来降。九月,魏主拓跋焘北伐柔然,略阳王羯儿"尽收其人户畜产百余万"。此以"人户"5万计,共约25万人。太安四年(458年),文成帝北征柔然。吐贺真远遁,"其别部乌朱贺颓率众数千落降于魏"。此以2000落计,为1万人。皇兴四年(470年)二月,诏诸将讨蠕蠕,"其别帅阿大干率千余落来降"。西魏大统(535—551年)时,贺若谊示柔然"以祸福,诱令归降,降者万余口"。北齐天保五年(554年),文宣帝北讨茹茹菴罗辰,"获生口三万余人"。天保六年(555年),文宣帝再讨茹茹,"获生口二万余"。以上从429年到555年的126年内,北魏、西魏、北齐俘获或降附的柔然总人口数为1 840 000人。

高车(敕勒、铁勒)与汉族融合的人口数:北魏天兴二年(399年)二月,道武帝拓跋珪率大军击破高车,先后俘9万余人。天兴三年(400年)十一月,高车别帅勒力犍"率九百余落内属"。天兴四年(401年)正月,高车别帅"率其部三千余落内附"。天兴五年

(402年)十二月,高车越莫弗"率万余家内属,居五原之北"。天赐五年(408年)七月,奚斤等破高车越勤倍泥部落于跋那山西,"徙二万余家于大宁,计口受田"。神䴥二年(429年),太武帝拓跋焘北征柔然,破之而还。至漠南,闻东部高车在已尼陂,人畜甚众。乃遣安原等讨伐,高车诸部"望军而降者数十万落"。此"数十万落"以20万落计。永平三年(510年)九月,"高车别帅可略汗等率众一千七百(户)内属"。正光五年(524年)五月,广阳王元渊北伐,"西部铁勒酋长也列河等,领三万余户款附,相率南迁"。天平三年(536年)正月,高欢袭西魏夏州,"擒其刺史费也头斛拔俄弥突……迁其部落五千户以归"。此部落为高车族。以上高车部落降附或被虏获的共有1 443 000人。

蛮人与汉族融合人口数:北魏太安三年(457年)十一月,"蛮王文虎龙率千余家内附"。延兴二年(472年)太阳蛮酋桓诞"拥沔水以北,滍叶以南八万余落"降魏。太和十七年(493年)四月,萧齐征虏将军蛮酋田益宗"率部落四千余户属魏"。五月,襄阳蛮酋雷婆思等"率一千三百余户内徙,居于太和川",开南阳沔北之地。景明元年(500年)大阳蛮酋田育丘等率"二万八千户内附,诏置四郡十县"。景明三年(502年),左卫将军李崇讨鲁阳蛮鲁北燕,"徙万余家于河北诸州及六镇"。正始二年(505年),萧梁沔东太守田青喜"拥七郡三十一县,户万九千,遣使内附"。永平元年(508年)十二月,荆州表桓辉弟叔兴"前后招慰大阳蛮归附者一万一七百户,请置郡十六、县五十"。正光(520—524年)初年,"蛮首成龙强率户数千内附,拜为荆史",此"数千"户以2000户计。同时"蛮帅田午生率户二千内徙扬州,拜为郡守"。正光二年(521年),萧梁义州刺史文僧明、边城太守田官德等"率户万余举州内属。……僧明、官德并入朝,蛮出山至边城、建安者八九千户"。北周天和元年(566年),蛮酋冉令贤叛,攻陷白帝。陆腾等攻破其八城,"获贼帅冉承公并生口三千人,降其部众一千户"。陆腾又进平石胜城,"蛮众大溃,斩首万余级,虏获一万口"。以上从北魏太安三年(457年)至北周天和元年(566年)91年内,南朝蛮人降北魏、北周的共有176 000户又13 000人,以每户5口计,共约893 000人。

獠族与汉族融合人口数:北魏正光(520—524年)时,"以梁、益二州境土荒远,更立巴州以统诸獠,凡二十余万户,以巴酋严始欣为刺史"。这20余万户,约有100万人。北周保定二年(562年),铁山獠反,陆腾攻拔其三城,"虏获三千人,招纳降附三万户",约为15.3万人。陆腾又击陵州木笼獠,"斩俘万五千人"。以战争情势而论,应俘多斩少,此以俘1万人计。以上为北魏巴州所统率的獠人,以及北周俘降的所谓"生"獠,共计约1 163 000人。

奚轲、稽胡等杂胡融入汉族人口数:西晋太康十年(289年),奚轲男女10万口附降。北魏泰常元年(416年)九月,叔孙建等讨河西稽胡刘虎,大破之,"俘其众十万余口"。东魏天平二年(535年)三月,高欢讨稽胡刘蠡升,"俘其皇后、诸王、公卿以下四百余人,华夷五万余户"。此以华、夷各半,稽胡为2.5万余户计。武定二年(544年)十一月,高欢"讨山胡(稽胡),破平之,俘获一万余户,分配诸州。"

北魏天兴六年(403年)正月,朔方尉迟部别帅"率万余家内属,入居云中"。泰常三年(418年)正月,"河东胡、蜀(薛)五千余家内属"。泰常八年(423年)正月,"河东蜀薛定、薛辅率五千家内属"。神䴥元年(428年)九月,上洛巴渠泉午触等率"万余家内附"。同年十月,上郡屠各隗诘归"率万余家内属"。太平真君八年(447年)三月,"徙定州丁零三千家于京师"。上述各类杂胡融入汉族人口数共计为590 000人。

以上13个少数民族与汉族融合的总人数,经初步考察,大约有11 361 980人。首先,应当指出,这个总人口数,无论就单个少数民族的人口或总的人口数来说,都只是一个概数。这是因为各族人口经常混杂在一起,实难完全区分出来。同时我们在计算总人口数时,采取比较保守的标准,比如各少数民族每个落或户,以往学者计匈奴、鲜卑皆为每户7人,本文全部以每户5人计。又如在用骑兵数推算人口数时,过去一般以一名骑士计一户,本文以两名骑士计一户。

十六国北朝民族融合的深远影响

关于民族融合对历史发展进程的影响,首先应当考察被融进汉族的各少数民族族别和总人口数。一般说来,如果族别愈杂,人口数愈多,则在与汉族融合中,所产生的新基因必然愈多,因而其历史影响也愈大。经考察,十六国北朝融入汉族的族别,除匈奴、氐、羌、羯、鲜卑"五胡"外,还有乌桓、柔然、高车、蛮、僚、奚轲、蜀、稽胡等共13个。这13个少数民族融入汉族的总人口数,据初步考证统计共有11 361 980人之多。从族别和总人口数而论,十六国北朝民族大融合的规模,可能是空前绝后的。正如唐长孺所论:"五胡的割据政权与拓跋氏的占领北中国造成的后果之一,是汉族与边境各族的融合……直到北魏后期,通过北镇起义,鲜卑化的各族人民才与汉族作进一步的融合,也就是说汉族的较高级文化在此期间战胜了一切。"

隋唐时期,十六国北朝各少数民族11 361 980人融入汉族后,其所占比重相当大。唐永徽三年(652年),国家领有民户380万,唐代每户约6人,则为2 280万人口,少数民族融入汉族人口约占总数的50%。如以神龙元年(705年,距唐建国已86年)全国领民户615万,口3 714万计,则少数民族人口融入汉族的人口数接近总人口数的31%。如此众多的少数民族人口融入汉族中,无论对汉民族本身的繁衍或是汉文化的发展来说,都被输入了大量的新基因,从而汉族人民在衣、食、住、行、语言、文字及文化娱乐等各方面更加丰富多彩。而且根据人类优生学原理,汉族与10余个少数民族在血缘上的混合,给秦汉以来的古老汉民族注入了大量新鲜血液,各游牧民族质朴、强悍的本性被融入汉族人体中,使得雄武性与汉族温良恭俭让相结合,刚柔相济,从而带来了新汉族人体素质基因的提高,以及人们创新思维模式活力的加强。李唐大帝国封建政治、经济、文化和社会的高度繁荣,正是在十六国北朝民族大融合给汉民族和汉文化注入了大量新基因的基础上而出现的。

首先,隋唐两朝皇室均属于汉胡混血统。隋唐建国者杨、李二氏是鲜卑化汉人,其母妻为汉化屠各人或鲜卑人。如隋文帝杨坚独孤皇后(隋炀帝母),唐高祖母元贞皇后,唐代宗独孤皇后,皆属匈奴别部屠各人。唐高祖窦皇后(太宗母)、唐太宗长孙皇后(高宗母)、唐睿宗窦皇后(玄宗母)皆属鲜卑人。唐开国之君高祖及贞观、开元盛世之主太宗、玄宗三人,皆为汉族与屠各、鲜卑族婚配的混血儿。陈寅恪说:"李唐皇室者唐代(近)三百年统治之中心也,自高祖、太宗创业至高宗统御之前期,其将相文武大臣大抵承西魏北周及隋以来之世业,即宇文泰'关中本位政策'下所结集团体之后裔也。"这就是说,北朝民族大融合后出现的汉胡混血统李唐皇室,及其所承袭统率的西魏、北周、隋政权最高统治层汉胡后裔集团,乃是缔造李唐帝国和开创唐初盛世的核心力量。

李唐皇室既"源流出于夷狄",又继承北朝民族融合之政策,故有唐一代大量重用各少数民族出身的人才。同时被融入汉族的各族优秀人物在汉文化孕育下,也自觉地奋起登上历史舞台,因而在唐政权政治、军事、文化领域中,少数民族出身的骨干人物为数不少。少数民族出身的宰相、三公三师、名将、文化名人共有82人,他们中不少人在各自领域皆属于顶尖人物,为盛唐政治、军事、经济、文化建树卓著。显然,这是北朝至唐初民族大融合的直接结果。不仅如此,唐初受北朝民族融合的影响,更大批地重用胡人。仅贞观四年(630年)五月东突厥灭亡后,除擢用可汗为都督外,其部落酋长至者"皆拜将军、中郎将,布列朝廷,五品以上百余人,殆与朝士相半"。所以胡三省在《通鉴》注评"夷夏之分"论者说:"自隋以后,名称扬于时者,代北之子孙十居六七矣。"

我国中古历史经过一次重要的汉胡民族大融合后,汉族机体内被输入了大量新鲜血液,从而出现了新的生机和活力,这集中体现在唐前中期以汉胡混血君主太宗、玄宗为首包括汉胡优秀人物(胡氏所指"名称扬于时者")在内的两个杰出的君臣领导集团的宏伟建树之中。其中尤以贞观盛世为重要,因为它为大唐近300年历史打下了坚实基础。唐太宗具有鲜卑族淳朴、豪爽的秉性,又深受十八学士的长期熏陶,深刻领悟儒学及其修、齐、治、平的价值取向,加之天赋资质甚高,从而形成雄才大略,满腹经纶,宽厚仁爱,谦虚谨慎,豁达率真等理智与人性高度结合的王者风范和君子作风,使他在施展其高超的政治军事才能时,能高瞻远瞩,总结历史经验,深刻认识历代兴亡之真谛,从而励精图治,把选才、纳谏、明法、节俭、爱民作为治国的五大要务。他在位的23年内,所任用的贤相、名将、廉吏、文化巨匠足有50余人之多,皆属于历史上各领域的第一流人才。太宗真心用贤和纳谏,保证其所施行的政治、军事、经济、文化各类政策方针的正确性。因而总的说来,唐前期政治较开明,封建专制氛围较为宽松,这有利于君臣上下一心,励精图治。唐初继承并发展北周府兵制,武功最盛,疆域扩展。史称:"唐之德大矣,际天所覆,悉臣而属之。薄海内外,无不州县,遂尊天子(太宗)曰'天可汗'。三代以来未有以过之。"唐廷又将北周的均田制施行于全国,轻徭薄赋,奖励农桑,从而唐建国仅十多年后(贞观四年),经济繁荣,"天下大稔,流散者咸归乡里,米斗不过三四钱,经岁断死刑才二十九人。东至于海,南极五岭,皆外户不闭,行旅不赍粮,取给于道路焉"。同时,唐初的对外开放政策,带来了文化的繁荣昌盛。贞观十四年(640年),太宗大征天下名儒为学官,长安国子监增筑学舍1200间,生徒3000余人。"于是四方学者云集京师,乃至高丽、百济、新罗、高昌、吐蕃诸酋长亦遣子弟请入国学,升讲筵者至八千余人。"当时,京城长安成为亚洲文化中心。

总之,从当时民族融合时间之长,以及加入民族融合的少数民族族别之多和总人口数而论,十六国北朝民族大融合的规模,可能是中外历史上空前绝后的。从而我国历史进入隋唐时期,出现了一个封建政治、经济、文化空前繁荣昌盛的崭新局面。

南方蛮、俚、僚少数民族与汉族的融合

南朝境内的少数民族,统称为蛮,细分起来名目繁多,有蛮、僚、俚、蜒、巴、蜀、越等各种名称。其中,蛮、僚、俚三大支居住地

很广,人数众多,在经济文化上具有本民族的特点。

南朝蛮、僚、俚族居住的区域,根据文献记载,是比较清楚的。蛮族作为一支少数民族的专称,其居住地区"在江淮之间,依托险阻,部落滋蔓,布于数州,东连寿春(今安徽寿县),西通上洛(今陕西商州区),北接汝颍(今河南境),往往有焉。……自刘(渊)石(勒)乱后,诸蛮无所忌惮,故其族类渐得北迁,陆浑(河南嵩县东北)以南,满于山谷";"蛮,种类繁多……咸依山谷,布荆、湘、雍、郢、司等五州界"。从南朝蛮族的全部活动考察,这些记载大致符合蛮族聚居地区,但不够完全,还应包括豫、南豫、江三州在内。

僚族居住地区,"自汉中达于邛笮川洞之间,所在皆有。种类甚多,散居山谷";"李势时,诸僚始出巴西、渠川、广汉、阳安、资中、犍为、梓潼,布在山谷"。这些记载说明,僚族居住在长江上游的益州和梁州的西北部,即今四川和陕西西南部。

关于俚人,史称:"广州诸山并獠俚,种类繁炽";广州"滨际海隅,委输交部,虽民户不多,而俚獠猥杂"。刘宋末割交、广三郡并合浦以北地立越州,"威服俚獠"。这里"俚獠"联称的"獠"是一种泛称,实际上是指俚人。可见俚族主要聚居在岭南的广州、越州,即今广东和湖南南部、广西壮族自治区东南部。以上三支少数民族聚居地,从今天行政区域来看,东起安徽,西北达陕西,南到广州,西极四川,其中包括湖北、湖南、河南、江西、广西等地界。除东边沿海数州和西南宁州外,涉及南朝大部分地区。

蛮、僚、俚三族人口多少,无从统计。但从一些具体数字中可以推测其梗概。以蛮族来说,刘宋泰豫元年(472年),蛮酋桓诞率沔水以北滍叶以南的大阳蛮,一次降附北魏的有7万余户;

从萧齐初年至梁普通初年,先后零散降附北魏的蛮民约有9万余户。这两项共为16万户,每户以5口计,共为80万人。另外,萧齐时雍州宁蛮府管理下的蛮民,据估计为34万人左右。加上沈庆之讨蛮,俘虏蛮民共20多万,总共在140万人左右。北齐时豫州(相当于刘宋时豫州部分地区)境内,所谓"蛮多华少",蛮民输租赋的有"数万户"。荆、益二州之间,"有冉氏、向氏者,陬落尤盛,余则大者万家,小者千户,更相崇僭,称王侯"。以上关于蛮人户口的具体数字,都是指一个地区或一部分蛮人而言。实际上,蛮人是南朝少数民族人口最多的。所以沈约说刘宋王朝镇压蛮人"系颈囚俘,盖以数百万计"。

关于僚族的人口数,益州部分僚人,"布在山谷,十余万落";梁州部分的僚人,据北魏曾一度占有梁州后,所置隆城镇统率"北僚"有20万落。姑且以一落为一户计(实际上一落比一户人数可能要多),僚人共为30万户,150万人。俚人人口数,仅东汉末年一次"内属"广州的就有10万余口。因此,就我们所知道的蛮、僚、俚三族人口的一部分(远非全部),共计在300万人左右。刘宋大明八年(464年),有户94万余,据《宋书·州郡志》大明八年口数,为546万余,这算是南朝国家掌握的最多的人口数字。而三支少数民族的部分人口数,占南朝国家掌握的总人口的一半以上。由此可见,少数民族人民在南朝封建政权的政治和经济上,显然占有重要的地位。

关于蛮、僚、俚的社会经济结构和文化习俗等特点,除僚族比较清楚外,蛮、俚的情况史籍记载记叙甚少。蛮族原先大约住在今湖南湖北境,后来由于"部落滋蔓",乘西晋末年战乱后,汉族人民流徙,汉族政府统治力量削弱的机会,便向长江以北的淮水、汝水、沔水流域迁移而扩展到东晋南朝统辖区域的腹心地带,同封建政权和汉族的关系较为密切,从而使东汉以来蛮人和汉人融合过程加快。历经魏晋以后,有相当多的蛮人和汉人杂居,有的已编入郡县行政系统。到了南朝初年,除了偏僻地区和密林之中的部分外,多数蛮人已同汉人融合较深。但是,在宋齐时期蛮人还保存着一些文化习俗特点,如"言语不一",指有本民族的语言,又懂汉族语言。"衣布徒跣,或椎髻,或剪发。兵器以金银为饰,虎皮衣楯,便弩射,皆暴悍好寇贼焉。"显然这些同汉族文化仍有所区别。所以史称桓玄之子桓诞"年数岁,流窜大阳蛮中,遂习其俗"。如果从社会经济结构来看,由于受汉族封建经济的影响,至少在邻近汉人地区的蛮人,已经从奴隶制进入了封建社会。

僚族在李成政权统治益州以前,深居山险,少与汉人交往,所以其社会经济和文化习俗,比蛮族较为落后。李成统治后期,僚人才繁殖起来,逐渐向平地移居。他们在农业生产方面能种植稻米,手工业生产"能为细布,色至鲜静"。"依树积木,以居其上";"略无氏族之别,又无名字,所生男女,唯以长幼次第呼之";以长者为王,父死子继,"亲戚比邻,指授相卖,被卖者号哭不服,逃窜避之,乃将买人捕逐,指若亡叛,获便缚之。但经被缚者,即服为贱隶,不敢称良矣"。大狗一头,买一生口。这些资料说明,晋宋时期僚族仍是奴隶制社会。有长者为王,是世袭的,有"贱隶"与"良人"之分,买卖奴隶之风盛行,杀人不偿命等等,无一不是奴隶制社会的特征。但东晋以后僚人"与夏人参居者,颇输租赋",所以南朝僚族的社会经济状况也在开始向封建制转化。

关于俚人,东汉灵帝建宁三年(170年),郁林太守谷永"以恩信招降乌浒人十余万内属"。这部分合浦乌浒人,又称"合浦蛮里"。据史籍记载,内徙广州的蛮人,一般别称为俚人,南朝时期内徙的少数民族,专称为俚人。虽然刘宋时俚人"皆巢居鸟语",仍保存有本民族的语言和生活习俗,但早在东汉时代,封建官吏已"教其耕稼,制为冠履,初设媒聘,始知姻娶,建立学校,导之礼义"。加上汉末以至东晋,中原汉人纷纷避乱交广地带,以及东汉以降常徙罪人于岭南地区,使俚人长期受汉族文化的熏陶,有的成为郡县编户,同时也有汉族农民不堪封建政权的压迫剥削逃入俚区。俚人长期在汉族社会经济文化的影响下,已经进入了封建社会。

南方民族融合的过程,同北方有着不同的特点。西晋末年各族人民大起义后,少数民族酋帅乘机争夺统治权,战乱杀掠,灾荒连年,北方汉族人民大量南流,有的深入少数民族地区,从而引起南方少数民族向汉族空隙地区转移,这样对加强汉族与南方蛮、俚、僚族人民的接近和交往,显然是有利的。历东晋南朝,汉族与各少数民族有着紧密联系,汉族人民为了逃避赋役,有的向蛮族地区逃亡,蛮族人民又向汉族人民购买盐、米、衣服等生活用品。早在东晋陶侃为武昌太守时,"立夷市于郡东,大收其利"。刘宋时有汉人"商行入蛮",封建统治者也"遣使与蛮中交关",或"以锦袍绛袄",与"蛮交易器仗",彼此互通有无。这种相互联系和交往,必然使生产技术和文化习俗得到交流和促进,从而加强民族之间的融合。特别是汉族劳动人民与蛮、僚、俚各族人民联合进行反抗封建统治的斗争,如前秦兼并益州时,该地汉人张育与僚人张重联合起义,义军达5万人;刘宋时汉人司马黑石和夏侯方进等与淮、汝一带蛮人联合起义;梁代桂阳郡汉人严容联合岭南诸洞俚民起义等等。这些起义斗争,由于各族人民阶级利益的一致,他们团结战斗,相互了解,最能加深思想感情、心理状态的沟通,从而使民族界限逐渐消失,促进了民族融合的进程。

但是,东晋南朝一直是汉族封建统治者建立的政权,而且是在一个中央政权统辖之下,不像北方那样各少数民族政权更替不迭。而且东晋南朝各少数民族地区相对比较稳定,各族人民联合斗争比起北方来,次数少,规模小,因而南方的民族融合与北方有很大的不同。东晋时期主要在于巩固南方新的政权,以及对付北方胡族政权的威胁,顾及不到南方少数民族地区。刘宋大明以后,南朝所辖区域逐渐缩小,统治区域随之扩展到各少数民族地区,从而开始了汉族封建政权对少数民族征服的过程,因而南方民族融合主要集中在南朝时期。虽然民族融合渠道始终存在着多种途径,但地主阶级的封建统治,决定了民族融合在很大程度上还是通过征服和反征服来实现的,这是一个充满激烈的民族斗争的过程。从刘宋永初二年(421年)江州南康揭阳蛮起事,到陈祯明三年(589年)东衡州"群俚"起事,其间各少数民族的起事斗争,风起云涌,前赴后继。在南朝169年中,这种起事斗争共发生约64次,其中蛮民43次,俚人18次。梁代"岁岁伐僚",其中必有僚民起事。

为了更好地统治蛮、僚、俚族人民,刘宋沿袭两晋设南蛮和宁蛮校尉,分治长江南北的蛮人,并新置安蛮校尉,治豫州蛮人,置三巴校尉,治荆益地界的蛮僚。萧齐时立平蛮校尉,专管梁、益二州僚人。广州西南二江,俚人居多,刘宋设西江督护,后又置南江督护,以统摄俚人。还有镇蛮、安远等护军,一般加给庐江、晋熙、西阳、武陵等太守内史,因为这些郡都是蛮民聚居地区。另外,像宋、齐、梁三代,少数地方官吏不带兵卒,对蛮、僚、俚族人民不采取武力镇压,"布恩惠","省烦苛",不俘虏"生口

(奴婢)",不掠夺财物,对少数民族人民减轻政治压迫和经济剥削。这样,一部分少数民族人民不仅不反抗,而且自愿"向化",从深山"出平土"为村落,属郡县统辖。这些地方官吏有的死后,蛮民还头戴丧帽,身系丧带,痛哭追送。两相比较,迫使封建统治者不得不采取以左郡左县的方法,像统治汉族劳动人民一样统治少数民族。左郡左县的成立,实际上是各少数民族人民反抗掠夺、屠杀、生俘斗争的产物。在刘宋泰始时代,只有左郡11个,左县25个。到了齐末,时隔30多年,少数民族左郡有51个,左县有145个。其中除以僚人建立的5郡4县(多数僚郡无属县),俚人建立的8郡23县外,以蛮人建立的左郡左县为最多,共有38郡,118县。这说明蛮族左郡左县主要是在宋齐时期建立的,同这时蛮族不断地掀起反抗民族压迫的斗争是相结合的。左郡左县的建立,无论在民族融合上,还是对少数民族地区的开发上,都具有十分重要的意义。

在《隋书·南蛮传》里,讲到南方少数民族未同汉族融合时称蛮、俚、僚为"杂种","俱无君长,随山洞而居,古所谓百越也"。接着又说:"浸以微弱,稍属于中国,皆列为郡县,同之齐人,不复详载。"这是指通过南朝各族人民长期的反抗斗争,迫使南朝政权采取左郡左县的方式统治少数民族,逐渐与汉族编户齐民一样,即基本上同汉族人民融合了。到了隋代,原益州(治今四川成都市)地区僚人、蛮人(益州东部)"其居处风俗,衣服饮食","亦与蜀人相类",或"遂同华(汉)人"。原梁州地区僚人已同"夏(汉)人为婚","衣服居处言语,殆与华(汉)不别"。原荆州(治今湖北江陵县)和雍州(治今湖北襄阳市)地界的蛮人,"与夏(汉)人杂居者,则与诸华(指汉人)不别"。这些都是指南方各族人民在反抗民族压迫斗争的推动下,除在偏僻的深山老林地区居住的之外,蛮、僚、俚三族大部分人在南朝时期逐渐同汉族融合了。所以隋唐时反映蛮、俚、僚族聚居地区的左郡左县取消了,敕封这三支少数民族酋帅的制度废除了,从而像南朝专设统治他们的机构也不复存在。所有这一切,都是蛮、俚、僚三族中的大部分同汉族融合后的必然结果。

南朝境内州、郡、县增多,是从齐代开始,至梁代达到顶点。刘宋大明八年(464年)有22州,274郡,1299县。到萧齐建武元年(494年)有23州,365郡,1378县。增加1州,91郡,79县。到梁中大同元年(546年),有104州,586郡,比齐末增加81州,221郡,县虽不可考,从州郡剧增数可知县一定会增加不少。齐、梁两代所辖区域变化不大,而州、郡、县激增,固然同加强封建统治把州、郡、县划小有关,但少数民族地区的开发,显然是其重要原因之一。如越州是刘宋末为了震慑俚人和开发俚区所建立的,开始时只有8郡7县,到齐末发展为20郡,55县。又如广州高凉郡俚人居多,萧劢为广州刺史时,当西江俚帅陈文彻起事被镇压后,"以南江危险,宜立重镇,乃表台于高凉郡立州,敕仍以为高州,以西江督护孙固为刺史"。高州发展为5郡。再如俚人聚居的苍梧郡,宋、梁、陈三代共增置13郡。这些都是少数民族地区经过开发后,增设州郡县最典型的例证。

直至两晋,汉族和汉族文化在南方的发展,还只是限于长江流域的沿岸,以及从荆州南下,通过湘州(今湖南)逾五岭而至广州的交通线上,以及沿海以广州为重心的一些点线。除此之外的广大地区,都是文化上比汉族落后的少数民族居住着。东晋时北方汉人大量南移,再经过宋、齐、梁、陈四代,汉人和少数民族融合后,才使南方的开发逐渐扩展开来。大体上,从长江中游向南,沿着湘州的湘水流域,江州的赣水流域,广州的郁水流域,向两岸地区伸延,开发到相当的深度,如湘州(今湖南)、广州(今广东、广西壮族自治区东南部),已经由点线连成面了。此外,如今天江西西南部(沿赣江流域)、四川中部和北部(沿嘉陵江和岷江流域),以及长江以北的淮河、汉水流域,在当时都有不同程度的开发和扩展。在南朝长时期的民族斗争和民族融合中,勤劳勇敢的汉族和少数民族劳动人民,共同开发了我国南方富饶美丽的河山,为祖国历史的发展做出了贡献。总之,南朝169年,是南方少数民族同汉族融合和对南方开发的重要时期,少数民族与汉族融合的过程,实际上也就是对南方开发的过程。因为少数民族同汉族融合后,少数民族地区的政治经济和文化,同时也起了相应的变化。在我国封建制时代,每次民族大融合,必然会促进历史的巨大进步。通过魏晋南北朝的民族大融合,带来隋唐时期封建大帝国的兴盛,以及封建经济和文化的繁荣。其中南方民族大融合后,使得至少有数百万劳动力加入封建经济体系,而少数民族居住的广大地区也得到了开发,这是隋唐以后我国古代经济重心开始由北向南转移的重要原因之一。

社会、文化、科技

魏晋南北朝文化的基本特征

分说

黄巾大起义促使东汉大帝国瓦解,维护其封建专制统治的儒家伦理纲常受到极大的冲击,人们的思想从儒家名教的桎梏中解脱出来,因而人的独立人格和自觉精神得到一定程度的发展。同时,汉末至隋约400年内,基本上处于长期分裂割据、战乱频仍、社会动荡不安的时代。那时,每一个人、每一个家庭家族、每一个社会政治集团、每一个割据政权,要求得生存、自立和发展,都必须充分发挥人的主观努力,或者发挥人才的优势,从而有利于个人聪明才智的充分显示。加之东汉统一帝国的瓦解,使人们热衷于寻找重新统一和治国的理论。这些时代条件不仅使得各类人才辈出,而且促使学术思想界儒、玄、墨、名、法、纵横、佛、道,以至兵家都应时而出,形成了我国历史上第二个百家争鸣的时代。魏晋南北朝特定的时代条件,决定了该时期的文化(包括精神文化和物质文化)绚丽多姿,异彩纷呈。特别是魏晋玄学的产生,国内各民族的大融合,中西文化的频繁交流,印度佛教佛理的广为流传等新因素,对隋唐以后中国古代文化的发展产生了深远的影响。如果同汉、唐时期的文化相比,撮其大要,魏晋南北朝文化的基本特征除了表现为在总说中我们谈到的开放融合型特征外,还表现为自觉趋向型、宗教鬼神崇拜型、区域型等三个方面。

当时从政治斗争到思想理论斗争的许多主张,都与儒家名教相悖逆。早在曹操与袁绍等联兵反对董卓时,曹操就说:"吾任天下之智力,以道御之,无所不可。"所谓"智力",指人的才能,"道"乃指由人制定的适时而变的各类政策方针。曹操认为在群雄逐鹿中要取得胜利,只有充分发挥人才的作用。因此,他多次下令主张"唯才是举",不仅"盗嫂受金(者)……吾得而用之",甚至"负污辱之名,见笑之行,或不仁不孝而有治国用兵之术者",皆可录用。鲍敬言从老庄任自然的思想出发,针对儒家所谓"天生蒸民而树之君"的君权神授说,揭示国家、君臣以及政治制度的出现,都是暴力和征服的结果,也是压迫、贫苦和战争的根源。鲍氏提出了著名的"无君论",反对国家、君臣、政治制度的存在。皇帝绝对权威的树立,如果从秦始皇统一全国(公元前221年)算起,到鲍敬言所处的两晋之际,已有约540年的历史。鲍氏对封建专制之核心君权的彻底否定,尽管不符合时代发展趋势,但他在理论上的勇气、反对政治压迫的实质,以及在思想意识上趋向自觉的精神,都是值得赞许的。

与"无君论"思想相辉映的,乃是"神灭论"和"笑道论"。从西晋阮瞻的"无鬼论",到刘宋范晔的"死者神灭","天下决无佛鬼",再到范缜的"神灭论",北周甄鸾的"笑道论",均在于反对佛道教义及维护封建统治的神仙鬼神之说。特别是范缜的《神灭论》,把我国古代唯物论思想推向顶峰,它有利于促进人们思想意识趋向自觉,有利于科学的进步。上述对封建统治理论核心名教禁锢的突破,以及对封建统治政权核心君权的否定,无疑是中国封建社会前期人们思想的一次相对解放,从而促使人们的文化心态向自觉趋向型发展。

在我国封建社会里,妇女受压迫最深,因而她们的社会地位及其思想观念最能说明当时人们思想意识的自觉趋向程度。东晋葛洪曾生动地描绘了两晋南方妇女的社会生活,说她们离开织机,走出厨房,拜亲访友,周游城邑,游戏佛寺,观赏渔猎,登山临水,出境庆吊,途中有说有笑,有时甚至举杯痛饮,引吭高歌。这里所表现的妇女的社交活动和社会地位,似乎同男子没有多大区别。北朝妇人主持家务,参与为子求官、为夫诉屈等政治活动,以及反映妇女地位提高的一夫一妻制的出现,显然是鲜卑习俗对北朝社会的影响。实际上,它反映了北朝民族融合这股历史主流对当时北方文化的深刻影响。

由于儒家男尊女卑观念受到冲击,少数民族风俗的习染,以及妇女家庭和社会地位提高,妇女们有了掌握文化的机会,因而当时出现了一些著名的诗人、作家、书法家、音乐家、舞蹈家以及深通儒家经典的女性文人学士。她们写下的诗、赋、谏、铭、颂、书、疏等流传于后世。据《隋书·经籍志》记载,两晋妇女有文集者计12人,共40卷;十六国前秦妇女有诗文集者1人,共1卷;南朝妇女有文集者计7人,共39卷,1人注书7卷。南朝齐武帝封擅长辞赋的吴郡妇人韩兰英为女博士,"教六宫书学,以其年老多识。呼为'韩公'云"。妇女社会地位有所提高,并有了学习文化的机会,因而其思想观念也趋向自觉,因而妇女出外游学、步入仕途、从军、自由选夫等为封建伦理纲常所不容的事例,在魏晋南北朝时有出现。南朝齐代东阳郡女子娄逞,不甘心受封建礼教的束缚,打扮成书生,只身来到京城建康,"遍游公卿,仕至扬州议曹从事"。当时妇女的婚姻,也出现了一些自由选择夫婿的事例。至于男女离婚,以及夫死妻嫁,国家法律似乎是允许的。上述妇女自觉趋向的观念和行为,表现了社会风尚给妇女的影响，其实质是妇女争取男女平等和婚姻自由，它从最深层次上显示着儒家名教观念的淡薄，人们文化心态上趋向自觉的程度。

再从学术思想领域的高层次推求，前人所揭示的当时百家争鸣中出现的所谓儒玄合流，佛道互补，儒、佛、道相互对抗而又互相渗透，以及唯物论和唯心论的鲜明对立，这种文化学术思想领域的对抗、交融和繁荣，既促进了人们文化心态自觉趋向的发展，也标志着我国古代哲学和宗教走向成熟的阶段。特别是魏晋玄学以对儒家名教质疑而兴起后，给人们的思想境界带来了一系列新变化。正如汤用彤先生在《理学·佛学·玄学》一书中所说："魏晋人生观之新型，其期望在超世之理想，其向往为精神之境界，其追求者为玄远之绝对，而遗资生之相对。从哲理上说，所在意欲探求玄远之世界，脱离尘世之苦海，探得生存之奥秘。"这种魏晋知识层的新型人生观，正是两汉儒家齐家治国平天下理想在现实中破产后，面对乱世苦海所表现出来的一种超凡脱俗的理性追求，可以说是人生觉醒的一种曲折反映。

总之，魏晋以降人们文化心态的自觉趋向，既是时代精神的产物，又反过来给予当时文化以巨大影响。精神文化方面的相对解放和自觉趋向，必然推进物质文化的辉煌发展。我们在《中国古代科学家传》（修订本）一书中发现，在2272年中（从鲁班生年公元前507年，到清明安图死年1765年），共列29位科学家。其中华佗、马钧、裴秀、葛洪、祖冲之、郦道元、贾思勰、陶弘景8人，均属于这个时代。如果加上死于建安二十四年（219年）的张仲景，则共有9人。在总年代不到五分之一的时间里，却产生了约三分之一的大科学家，他们对我国古代医学、机械学、地图学、药物化学、数学、地理学、农业科学、冶炼化学、生物学以及天文历法等科学技术的发展，都做出了划时代的伟大贡献。他们的科学成就充分显示出这是一个各类科学技术迅猛发展，物质文化繁荣昌盛的时代。若究其根源，虽较为复杂，但人们自觉趋向型的文化心态，极大地促进了学术思想的繁荣和科学技术的发展，则是肯定无疑的。

魏晋南北朝文化思想的另一个特征，是宗教神学的勃兴。不管是土生土长的道教，或是外国传来的佛教，这个时期都广泛地传播开来，宗教神学影响到社会的各个阶层。佛教在西晋时只有寺院180所，僧尼3700人。东晋南朝，佛教大发展，梁代达到顶峰。梁武帝萧衍在天监三年(504年)的崇佛诏中说："愿使未来世中，童男出家，广弘经教，化度含识，同共成佛。"这类诏书无异于宣布佛教为国教。十六国北朝佛教的兴盛，实际上要超过南朝。北齐北周全境共有僧尼300万人，为唐代僧尼最多的唐武宗时代(全国僧尼近30万人)的10倍。当时北方国家领民约为3000万，僧尼人数占总人口的十分之一。这个僧尼数与总人口数的比例，超过了历代僧尼人数所占总人口数的比例。这表明当时佛教在人民中的传播之广，是空前绝后的。另外，汉末农民起义被镇压之后，原始道教发生了变化。其中一个流派在人民群众中继续传播，以符水治病等转为组织发动起义的工具，被封建统治者视为妖教邪说。据统计，当时明确利用道教作为组织纽带发动农民起义的，全国先后共有约二十次之多，起义范围涉及南北广大地区。由此可见，原始道教在下层群众中传播较广。另外一派道教则成为地主阶级的御用宗教，以炼丹、修仙为务。这派道教，在两晋南北朝封建统治者中也广为传播。西晋宗室赵王伦，东晋简文帝、孝武帝，以及宗室司马道生、司马道子，刘宋文帝之子刘劭等皆信奉道教。北魏太武帝拓跋焘

云冈石窟第20窟

(424—451年在位)时,有道士寇谦之"清整"道教,明确提出道教应辅佐北方太平真君(指太武帝)统治中原人民。魏初最有才智和权势的谋臣司徒崔浩,也尊寇谦之为师,"受其法术"。太武帝尊崇道教,改年号为太平真君(440—451年在位),并为寇谦之起天师道场于京城之东南,"于是崇奉天师,显扬新法,宣布天下,道业大行"。太武帝亲至道坛受符箓。此后北魏诸帝即位,都在道坛受符箓,成为常制。实际上,道教在北魏曾一度几乎处于国教的地位。无论是佛教还是道教,在当时政治生活和文化思想方面都占有重要地位,尤其是佛教经典理论,对儒学和玄学均产生了深刻的影响。

魏晋南北朝时期，封建统治者和民间信鬼神之俗非常盛行，崇拜之神纷繁复杂，有数百种之多。在所崇拜的人神中，有先人也有当时的人，其中有皇帝、圣贤、文臣、武将、县令、平民、妇女、道士、沙门，几乎包括社会各个阶层的人物。在崇拜的自然神中，有动植物、山、河、湖、海、井、泉、石、山洞、岩穴等等。东晋成帝(326—342年在位)时，立天地二郊祀，天郊祭神62位，地郊祭神44位，共106位神。这一百多种神，还是封建朝廷按礼典所允许祭祀的，不包括民间为礼典所不容的"淫祀"在内。所谓"淫祀"，乃指他们所信仰的不合典礼、荒诞不经的各类鬼神崇拜。

此外，当时仰观(察天文、言人事)、占卜看相、圆梦、相宅、相冢、听铃声知吉凶、书符念咒，或盲人听声知祸福等各类方伎盛行，用以预测吉凶、祸福、灾异，实际上也是一种鬼神崇拜现象。当时史书方伎或艺术列传中共列85人，属于上述方伎者65人，其他医家、历算、科技、音乐等只有20人。在战乱分裂时期，战争频仍，星象占卜家常活跃于战场。如陈敏叛乱攻历阳之战；东晋平王敦之战；石勒于襄国败鲜卑段末波之战；石勒与刘曜洛阳之战；苻坚发动的淝水之战；北魏太武帝平凉州之战；萧梁陈庆之北伐占领洛阳后，尔朱反攻，破河内之战，收复洛阳之战；高欢与尔朱氏韩陵之战；宇文泰攻潼关之战，芒山之战；隋炀帝征辽东、征高丽之战，都曾在战争期间或关键时刻，问胜败于占卜家。在一般人民生活中，关于贵贱、贫富、疾病、寿命、失妻、失子、亡牛、亡马、失物、孕妇生男女及产日、出行、修房、葬地、火灾等各类灾异，以及各种梦境等，人们都喜欢求卜问卦，面相圆梦，以预知吉凶祸福，希望消殃转祸，迎来吉祥。《隋书·经籍志》记载五行类著作共有272部，合1022卷，其中绝大多数为阴阳星象占卜相书类,而且多为魏晋南北朝时所撰。当时人许多愚昧荒谬的祈神问卜活动,都是从现实生活出发的一种理想追求,因为他们无力克服现实中的种种困苦,想借神灵和占卜吉凶来安慰和补偿痛苦的心灵。虽然这种安慰和补偿是虚幻的观念,但他们是虔诚的信仰者,这是一种典型的鬼神崇拜型的文化心态。

自古以来,我国幅员辽阔的黄河、长江两大河流及其水系,以及太行山、秦岭、潼关等山河雄关险阻,各地区土壤气候物产及风俗民情各不相同,由此分划出若干经济文化区域。不同的地理环境因素和自然条件,加上魏晋南北朝长期分裂战乱,汉族和少数民族人民迁移转徙,各割据政权实施政策的差异性,使得这个时期各地区政治经济发展不平衡,封建地域性的特征表现得更为突出。当时经济、政治、学术思想、宗教、民族聚居以及社会风俗等,无不受地域环境的影响。因此,作为反映上述各方面总和的文化(精神的和物质的),不能不带有鲜明的地域性特征。

首先,文化的地域性从属于社会经济的区域性。由于东汉帝国的瓦解,北方长期战乱分裂,政权林立,汉族和少数民族人民向边远地区和江南流移,长江中下游南部和一些边远地区因而得到开发,致使经济区域发生较大的变化。黄河流域出现两大经济区,即关中经济区(今陕西、山西南部、甘肃一带)和中原经济区(或称山东经济区,指太行山以东,今河南、河北、山东等地),前者为秦汉的基本经济区,此时遭到破坏而地位下降,后者的社会经济此时则有长足发展,成为北方的重要经济区。长江流域除上游巴蜀经济区外,由于中下游江南经济区的开发,我国古代经济重心开始逐步由北向南转移。以上四个基本经济区内,如再加以细分,北方还可分出河西走廊、青齐、代北(只存在于北魏前中期)三区而成为五个经济区。南方也可分出岭南、荆湘、南中三区,也成为五个经济区。这样,全国便可分为四大主要经济区,六个次要经济区。

各经济政治文化区域的出现,既受历史传统文化的影响,又同当时的民族迁徙融合有关。如北方河西经济区,不仅是汉族和羌氐文化的融合区,也是中国同西域和中亚文化的交流区域。关陇经济区先是汉族和羌氐文化的融合区,后又成为代北鲜卑和鲜卑化之汉人与汉族文化的融合区。中原经济区则是匈奴、羯、慕容和拓跋鲜卑与汉人文化的融合区。代北经济区则是鲜卑、匈奴、敕勒、杂胡与汉人文化的融合区。南方巴蜀经济区为僚人、蛮人、巴人与汉人文化的融合区,荆湘经济区为蛮人与汉人文化的融合区,江南经济区为汉人与山越文化的融合区,岭南经济区则为汉人与俚人文化的融合区。而且民族迁徙与融合,使得关陇、中原经济区在破坏后迅速得到恢复和发展,也使得河西、江南、岭南、南中等区域人口增加,生产技术水平提高,土地得到开发,经济文化区域开始形成。

无论是精神文化还是物质文化,都是人类全部活动的总括和升华,那么,经济区域的发展、民族的迁徙融合、人们的生活习俗、各分裂割据政权的建立,以及相应的文化上的建设,显然都是可以从多区域考察的。总的说来,对当时以及后世影响深远的有三大文化区,即江南文化区、中原文化区(或称山东文化区)、关陇文化区。另外六朝都城建康,曹魏、西晋、后赵、前燕、北魏、东魏、北齐都城洛阳和邺城,前秦、后秦、西魏、北周、隋朝都城长安这四大都城在经济上,通过商业联络各地,再用行政手段向各地搜刮钱财;在政治上,向本区域发号施令,布政施教;特别是文化上,四个都城云集文人学士和远方僧侣,清谈玄理,传播儒术,讲经论道,儒、玄、道、佛、名、法各家争鸣,学术空气十分活跃。同时,四大都城也是当时亚洲文化的中心。丝绸之路北路的终点,由长安往东向洛阳方向转移;丝绸之路南路从吐谷浑经益州,向东南而至建康。从西北和东南两方面不断地涌向中国三大经济、政治、文化中心的长安、洛阳和建康的各国人民,以使臣、经商、求学、旅游等身份,既把本国文化传入中国,又将中国文化带回本土。比如,以佛学译经来说,当时长安、洛阳、建康成为三大译场,中国、西域和印度高僧在此三城译出许多重要佛教经典,这些经典对我国学术思想产生了深远影响。我国名僧从三座都城出发,去天竺取经,又将我国文化传入西域、中亚和天竺等地。

我国古代学者对汉唐间三大文化区已有所认识。如《新唐书·柳冲传》附柳芳论魏晋以来氏族说:"过江列为侨姓,王、谢、袁、萧为大。东南则为吴姓,朱、张、顾、陆为大。山东则为郡姓,王、崔、卢、李、郑为大。关中亦号郡姓,韦、裴、柳、薛、杨、杜首之。代北则为虏姓,元、长孙、宇文、于、陆、源、窦首之。"又说:"山东之人质,故尚婚娅;江左之人文,故尚人物;关中之人雄,故尚冠冕;代北之人武,故尚贵戚。""及其弊,则尚婚娅者先外族,后本宗;尚人物者进庶孽,退嫡长;尚冠冕者略伉俪,慕荣华;尚贵戚者徇势利,亡礼教。"这里所指的代北各虏姓,主要乃鲜卑贵族门阀化者,他们大部分落足洛阳,少部分迁往关中。虽然他们还在一定程度上保留着自己的生活习尚观念,但并不是一个独立的文化区,只能附在中原和关陇两个文化区内,至于过江的侨姓士族和吴姓士族,则同住在江南文化区内。因而柳芳所讲的四种情况,实际上分属三个文化区。他对士族的评论,从三个不同文化区内士族门阀集团崇尚之文化心态的趋向,及其差异和利弊的分析,进行对区域文化的研究,可以给人以启示。北齐颜之推论南北音韵文辞说,当时汉族语言的雅音(或称正音、北语),当首推"帝王都邑……金陵与洛下耳。南方水土和柔,其音清举而切诣,失在浮浅,其辞多鄙俗。北方山川深厚,其音沉浊而鈋钝,得其质直,其辞多古语"。又说:"南染吴越,北杂夷虏,皆有深弊,不可具论。"这里既承认建康、洛阳在江南、中原两个文化区的重要地位,又指出其地域性的流弊。

中古汉人由跪坐到垂脚高坐

我国殷周时期,人们一般是"席地而坐",即在地面铺上席子,人们跪坐在席子上。古时铺席是很讲究的,宫廷、官员和普通人家铺的席质地不同,从荐席、竹席到象牙席之类,种类繁多。古人铺席而坐,很讲究规矩。首先,坐席要讲究席次(席位),即座位的顺序,尊长和贵宾坐首席,称"席尊""席首",余者依身份和等级依次而坐,不得错乱。坐席时,幼者对长者,卑者对尊者,自表敬意或谦卑,要避席处身,而且要伏地。其次,坐席要讲究坐姿,要求双膝跪地,臀部压在足后跟上。如果坐时两腿平伸向前,上身与腿成直角,形如箕,这种箕坐(或称箕踞)被视为是一种不尊礼节的坐姿,人们最为忌讳。

到了汉代,人们开始盛行坐床、榻的习俗,在床、榻仍为跪坐。古人跪坐,有时伸直腰股,以示庄重。因而古之所谓"坐""跽""长跪"等,均指跪坐或类似坐的坐姿。考古发掘的汉代画像砖上,集会、宴饮、传经讲学等,都是席地或在床榻上跪坐。跪坐习俗(双膝前跪,臀部坐在脚后跟上)形成后,成为儒家礼教文化的重要组成部分,并视箕坐(臀部坐地,两腿前伸)和垂脚高坐皆为不恭敬的傲慢行为,在正式礼仪场合最为忌讳。

魏晋玄学兴起,玄学家们抨击礼教,清谈名士"以玄虚宏放为夷达,以儒术清俭为鄙俗","指礼法为流俗,目纵诞以清高"。还有一批隐者,"杜绝人事","啸咏林薮",崇尚贞白,鄙弃"世俗"。这两类人都"恣情任性",不拘泥于礼教,从而有的改跪坐为蹲踞。如近年在江苏出土的竹林七贤画像砖,就形象地表现出他们的各类箕坐坐姿,有屈膝后以手抱膝的,有将手放在后面撑地的,也有上身后仰靠其他器物的,都是臀部着床席、腿脚向前的箕踞坐姿势。

跪坐为商周礼教文化内容,汉魏以降汉人基本上继续传习恪守,国内各少数民族未汉化者不受礼法约束,因而皆为箕踞坐。西晋东北少数民族肃慎氏,巢居穴处,"坐则箕踞"。西晋末巴人李特随流人入益州,至剑阁,"箕踞太息"。北魏鲜卑拓跋氏在孝文帝改制以前,"虏主及后妃常行,乘银镂羊车,不施帷幔,皆偏坐垂脚辕中;在殿上亦跂据"。跂据即跂坐,指垂脚坐。

胡床是东汉后期从西域传入我国中原地区的。魏晋以后胡床的使用较为普遍,用于战争的事例最多,将领们坐胡床指挥战斗,或观察敌情。使用胡床的人群,有皇帝、权臣、官僚、将帅、讲学者、反叛者、行劫者、村妇等,其中包括汉人和少数民族在内;从胡床使用范围来说,指挥战争,观察敌情,皇帝宫室,官府公堂,舟车行旅携带备用,庭院休息,接客,狩猎,竞射,聚会,讲学,吹笛,弹琴等,都有使用胡床的。胡床使用的地域,几乎遍布南北各地,可见胡床为人们进行各种活动的常用坐具。萧梁度支尚书庾肩吾专有一首《咏胡床》诗:"传名乃域外,入用信中京。足欹形已正,文斜体自平。临堂对远客,命旅誓初征。何如淄馆下,淹留奉盛明。"这首诗借胡床来表明拥戴梁政权的心愿,叙说了胡床的来源、在中国的使用以及胡床的形制,将胡床描写得形象生动。

胡床的坐法,与我国传统的跪坐礼俗不同,它是臀部坐在胡床上,两小腿和脚垂直踏地。在敦煌莫高窟第四百二十窟的隋代《商人遇盗》壁画中,坐着一个身着甲胄、手按长刀的武士首领。他所坐的正是一张胡床,斜向支叉的床足和上撑的床面,都画得很清楚。从这个图像可以看到"踞"坐胡床,即垂小腿两脚着地坐法的真实情景。当时胡床使用普遍,而又垂脚坐,这就开始改变了我国古代传统的跪坐礼俗,这在当时人的生活习俗上是一个较大的变化。

魏晋南北朝佛教大发展,佛教徒结跏趺和垂脚坐,在我国寺院中广泛流传。所谓结跏趺,为佛教徒坐禅的一种姿势,即交叠左右脚于左右股上坐,脚面朝上。由于佛教徒的坐法,同我国传统跪坐礼俗相悖,从而在南朝的反佛斗争中,曾引起一场维护跪坐,反对蹲踞和踞坐的争论。这场辩论只表明汉人传统跪坐礼俗处在急剧变化中,而对于维护汉人跪坐不会起多大作用。因为当时从皇室、高门到一般人家,从各级官僚到普通百姓,无论男女都有信佛的。南朝梁武帝时,仅京城建康一处,就有僧尼十余万人。

结跏趺和垂脚坐,加之胡床踞坐的流行,清谈名士和隐者们抛弃礼俗跪坐,各少数民族箕踞坐对汉人的影响,尽管魏晋南北朝汉人在庄重场合跪坐基本上仍占主流,但汉人由跪坐向垂脚坐发展,已是一股无法抗拒的潮流。同时为适应这种变化,坐具也由低矮的床、榻,向高凳形的小床和椅子发展。东晋中叶,陶侃之孙陶淡好修道养性,"设小床常独坐,不与人共"。陶淡所用的小床,只容一人独坐。而这种小床可随意安放,或置别坊中休息坐,或放宫廷中让大臣坐,或置放斋食果菜等祭奠物,显然它是从睡卧大床受佛教徒所用小床的影响演化出现的。以其供坐用,且只容一人,形体小为特点,应是后来小凳之类前身。从当时人们普遍垂脚坐胡床,敦煌壁画中的圆、方两种小床皆为垂脚坐,佛教徒结跏趺和垂脚坐小床习俗广为流传,以及葛洪所说人们轻视礼教,在宴会上"或蹲或踞"来看,汉人似乎逐渐习惯于垂脚坐,而且小床一般只容一人坐,踞坐比跪坐安稳舒适等推断,小床当多为垂脚坐。

关于东晋南北朝小床具体形制以及人们的坐姿,我们可以从敦煌壁画和唐初阎立本《帝王图》所保留的珍贵资料中得到进一步认识。敦煌莫高窟十六国至隋代洞窟雕塑壁画中,不仅可以清楚地看出传统的床、榻家具足部日渐增高的趋势,而且还可看到新的供垂足坐的高足坐具。在唐初阎立本《帝王图》中,陈文帝所坐为八足四方小床,足下有横木相联;陈废帝所坐为六足长方形小床,足下也有横木相连;陈宣帝所坐小床为四足小方凳形制。三种坐具的高低,以其与所坐人上半身作比较,约占坐者上半身的二分之一,显然属于高足形小床。三种坐具均容一人坐,形制各异,这应是南朝各类小床的图像标本。三人在小床上的坐法都是盘腿坐,很可能与陈皇室信奉佛教有关。实际上,东晋南北朝既是人们由床、榻跪坐,向小床垂脚坐的转变期,那么小床形制的高低可能是多样的,人们在小床上的坐法,必然是垂脚坐、盘腿坐和跪坐并存,不可能是单一的坐法。

中国古代人们的起居方式,主要可先后分为席地坐和垂脚高坐两个阶段。人们日用家具形制的变化及主要陈设方式,乃是与上述两种起居方式相适应的。从东晋南北朝开始,中古汉人的席地起居习俗逐渐被放弃,垂脚高坐日益流行,至唐末五代垂脚高坐较为普遍,从而形成新式高足家具的完整组合,迫使传统的供席地起居的旧式家具组合退出历史舞台。人们由跪坐到垂脚坐,人体离地面而升高,有利于抗地湿和清洁卫生,大小腿伸成直角,又有利于全身气血运行,对中华民族身体素质的提高或许有益。同时为配合高足椅随之而来的各式高桌的出现,以及椅凳的多样化,使人们居室陈设美观,生活舒适,这是古代文明的一种进步。汉人普遍由跪坐改为垂脚高坐椅子后,使中国传统礼教在居室起居方面发生较大变化。但此后古代复杂的跪拜礼,仍是祭天地、祀神灵、拜祖先、敬尊长的重要礼仪。

中古宗族组织所反映的文化内涵

魏晋南北朝由于长期分裂战乱,少数民族入主中原,因而引起大量的北方人民向南方或边远地区大迁徙。在战乱和迁徙的苦难生活中,人们经常受到死亡的威胁,求生存的强烈欲望,唤起他们认识到只有战胜天灾人祸,才能求得生存。社会组织最理想的纽带,便是同宗血缘关系,因而这个时期宗族兴盛起来。同时在北方少数民族豪帅统治区域内,汉人为反对阶级和民族的双重压迫,迁徙到外地的人民,在经济上、政治上要建立新的立脚点,都需要共同应付与当地土著民户之间的各种矛盾,这些因素也助长了宗族势力的发展。魏晋之际士族制度形成后,维护士族政治特权的九品中正制,以及维护士族经济特权的占田荫户制,其中特别是有世袭权的荫亲属"多者九族,少者三世"等,促进士族宗族势力发展到顶峰。

魏晋南北朝时期,宗族势力十分强大。曹丕在《典论·自序》中曾说:"四海既困中平之政……于是大兴义兵,名豪大侠,富室强宗,飘扬云会,万里相赴。"可见在汉末军阀混战中,宗族势力已初见端倪。两晋之际,江南周玘率宗族家兵"三定江南,开略王业"。周玘"宗族强盛,人情所归,(晋)元帝疑惮之"。北魏前期为适应北方长期战乱组成的以宗族乡里为基本群众的坞堡自卫组织,以宗主督护制为地方基层政权,宗主为族长和地方官吏双重职务,其下属群众也为宗族成员及国家属民双重身份。尽管宗主统属人户不会全是宗族成员,但"宗主"作为基层政权首领,它反映北方宗族势力的强大和普遍性。北魏中期,相州(今河南安阳北)广平人李波"宗族强盛,残掠生民"。相州刺史薛道标亲往征讨,波"率其宗族拒战,大破标军,遂为逋逃之薮,公私成患"。北魏末年,河南(治今洛阳东北)太守赵郡(今河北赵县)李显甫,"集诸李数千家于殷州西山,开李鱼川方五六十里居之,显甫为其宗主。显甫卒,子元忠继之"。《关东风俗传》称:"(北齐)文宣之代,政令严猛,羊、毕诸豪,颇被徙逐。至若瀛(治今河北河间)、冀(治今河北冀州)诸州,清河(属相州)张、宋,并州王氏,濮阳(属济州)侯族,诸如此辈,一宗近万室,烟火连接,比屋而居。献武初在冀郡,大族猬起应之。侯景之反河南,侯氏几为大患,有同刘元海、石勒之众也。"这些宗族势力,动辄数千家,甚至上"万室",他们或以家族为基本群众组织地方政权,族首任地方长官;或组成宗族军队,平定地方叛乱;或干预朝政,不从王命,连朝廷和州郡长官也不能不畏惧他们。这类大宗族在政治军事上的作用,恐怕在其他朝代是少有的,它必然给这个时期人们的社会生活以多方面的影响。

当时士族宗族,常称冠族、冠冕之族、势族、名族、右族、华族、大姓、大族、著族、旧姓、高姓、盛门、强宗。无特权阶层的寒门宗族,则常称豪族、豪门、寒门、寒族、寒宗、鄙族、陋族等等。那时,个人和家庭的命运总是同其所属的宗族紧密相连的。曹魏陈群年幼时,祖父陈寔谓宗人曰:"此儿必兴吾宗。"吴国诸葛恪以山越扩建军队,其父叹道:"(恪)将大赤吾族也。"《晋书·王敦传》言"门宗""门户"共五处。所谓"兴吾宗"者,指宗内有人进入仕途,掌握较高的政治权力,则全宗受益。所谓"灭吾族"或"赤吾族"者,指族内若有人犯法,则宗族连坐受累。

魏晋承汉末注重乡论遗风,宗族作为强有力的社会组织,其舆论自然在社会上发生重要作用。宗族成员中凡出类拔萃的人物,大多事先出于宗族乡里的褒誉。晋武帝曾问侍中周浚:"卿宗中后生,称谁为可?"答曰:"臣叔子恢,称重臣宗;从父子馥称清臣宗。"此两人武帝并召用。宗族品誉族人的力量,最典型的要算三国时吴国的朱才。朱才年少"未留时于乡党",故为清议所讽。朱才叹曰:"(我)谓跨马蹈敌,当身履锋,足以扬名,不知乡党复追迹其举措。"当时一个人的成名和宦途,往往同宗族的评价和荐举不可分,宗族内的操行标准最重的在于"孝""悌"二事。当时,个人与乡里、宗族不可分割,仕宦之始在乡里,进身之途在操行。这里所谓"乡里"当然主要指宗族,至于"操行"则主要指宗族内倡导的孝、悌品行。当时许多政界名人,都是靠宗族乡里的好评,或由中正评品,或由官僚征召而步入仕途的。

宗族作为一种社会组织,宗族成员必定有共同遵守的族规。当时宗族操行最重孝、悌二事,那么宗族的族规必定符合这种精神。西晋泰始四年(268年)六月下诏:"士庶……有不孝敬于父母,不长悌于族党,悖礼弃常,不率法令者,纠而罪之。"北魏太和十一年(487年)十月,下诏教导人民:"父慈、子孝、兄友、弟顺、夫和、妻柔。不率长教者,具以名闻。"这两道诏书都在说明宗族内父子、兄弟、夫妇、长幼之间行为的准则,这是通过法令的形式维护宗族成员的团结,以及宗族整体的荣誉和利益。在当时人看来,族与族内分子之间,不能分开,他们有共同的族规、共同的意志、共同的利益、共同的行动,从而使宗族成员之间形成一个整体。在政治形势安定时,宗族组织的作用不明显,在战乱分裂时期,社会秩序大乱,宗族势力的作用便充分显示出来。

从汉末到北魏统一北方,中原地区长期分裂战乱,人民为避战乱灾荒向南方或边远地区流徙,流民集团大多是以宗族为核心所组成。如汉末大乱,汝南(今河南平舆县北)人许靖率宗族先徙到会稽(今浙江绍兴),后又从会稽远徙交州(今广州)。靖坐岸边,"先载附从,疏亲悉发,乃从后去,当时见者莫不叹息"。袁徽与尚书令荀彧书云:"(许靖)英才伟士,智略足以计事。自流宕以来,与群士相随,每有患急,常先人后己,与九族中外同其饥寒。"西晋八王之乱时,颍川(今河南许昌东)人庾衮"乃率其同族及庶姓保于禹山"。他制订共同遵守的法令:"均劳逸,能有无,缮完器备,量力任能,物应其宜……上下有礼,少长有仪,将顺其美,匡救其恶。"衮以身作则,"劳则先之,逸则后之,言必行之,行必安之。是以宗族乡党,莫不崇仰"。当时人民为避战乱,采取宗族集团方式流徙,才有可能到达新地区以求得生存。从许靖流移到交州后给曹操书中所言,在流移途中绝粮、瘟疫、遇寇乱同行人丧生等险境,以及田畴、庾衮等在新迁地区的生产、生活、防贼等组织建设措施,可以窥见家族组织在人民流徙中所发挥的巨大作用。

在长期战乱时期,政治和军事斗争是紧密结合的,因而当时宗族组织与军事斗争关系最为密切。曹操初起兵,河南(治今洛阳东北)中牟人任峻"收宗族及宾客家兵数百人",从操征伐。东晋末孙恩起义,沈庆之未冠,"随乡族"镇压起义。北魏末年,葛荣起义,赵郡李氏宗族"作垒自保",并连破义军。这些宗族首领率领宗族军队投靠某一政治军事集团,所谓"举宗效力",或维护地方官吏的统治,或筑坞自保,成为一方霸主,最后皆以武功为自己开辟了政治道路,宗人也因之而得利。

当时宗族军事集团,也常起兵叛乱。建安十六年(211年)吴郡(治今江苏苏州)"余杭民郎稚合宗起贼,复数千人"。贺齐出讨,"即复破稚"。北魏太平真君六年(445年),盖吴起义后,薛广子薛安都与宗人薛永宗起事响应。太平真君七年(446年),魏主拓跋焘亲征盖吴,"围薛永宗营垒。永宗出战,大败,六军乘之,永宗众溃。永宗男女无少长赴汾水死"。这些"叛乱"的宗族军事力量大多遭到封建政权的镇压,或被残酷屠杀,或被迁徙到边远地区,其宗族势力无疑受到沉重打击。

以上各类宗族集团所进行的军事斗争中,有的维护南北统一政权(包括属局部统一的地方政权),也有的属于反对南北统一政权的"叛乱"。这表明当时南北政权处理宗族的政策如果得当,宗族势力则能为其所用;如处理不当,宗族势力则会成为在政治上的一种不安定因素。

在宗族成员之间,最重要的是经济生活上的"通财"关系,而这种关系包括几个方面:或由富宗分钱谷给贫宗,以解决生活困难;或由宗族官僚分俸禄给宗族成员;或分土地给贫宗耕种;或收葬孤宗死亡者;或出资财为本宗培养人才。汉末战乱,"时岁大饥,人相食,(司马)朗收恤家族,教训诸弟,不为衰世解业"。任峻在饥荒之际,收恤"中外贫宗,周急继乏,信义见称"。西晋氾毓"奕世儒素,敦睦九族。客居青州(治今山东淄博东北),逮毓七世,时人号其家,儿无常母,衣无常主"。这是指泛氏宗族七世共居通财,母辈有共同抚养的义务,宗族间人有衣同穿,有饭同吃。北魏末博陵(治今河北安平县)安平人李几,"七世共居同财,家有二十二房,一百九十八口,长幼济济,风礼著闻,至于作役,卑幼竞集"。当时长期分裂战乱,通过由富宗救济贫宗、衰宗的各种经济措施,甚至合宗"通财",或数宗合为一宗,"通财合计",就能维护宗族成员的生存,以应付复杂严峻的形势。这既是宗族组织血缘凝聚力在经济上的反映,同时它又反过来增强宗族组织的团结和集体意识。曹魏王昶在诫子书中曾指出:"及其用财先九族,其施舍务周急。"这种宗族内部救困扶危的时代风尚,深受封建朝廷和世人的尊崇。

富宗为贫宗培养人才,也多有记载。费祎"少孤,依族父伯仁"。费伯仁携费祎游学入蜀,学以成才,后任蜀汉大将军录尚书事。陆逊出身江东大族,"少孤,随从祖庐江太守康在官……康遣逊及亲戚还吴,逊长于康子绩数岁,为之纲纪门户"。陆逊先为其宗族长辈陆康所抚养,逊比康子年长,又为康管理家务。魏国杨俊不仅"赈济贫乏,共通有无,宗族知故为人所略作奴仆者凡六家,俊皆倾财赎之"。这是宗族内富家赈救该族成员沦为奴婢者,维护其宗族成员的身份。无论同一宗族各类经济援助,或为本宗培养人才,赎免宗族成员变为奴婢者,都是敬宗恤族或保宗护族精神的体现,这是我国古代伦理道德观念中的一种优良传统,其核心为重仁轻财,重义轻利。

宗族作为一种社会组织整体,个人和家庭从属于宗族,宗族成员在政治、军事、经济上有一种共同利益,因而他们在法权上必然相互关联,为此,当时个人犯罪,常殃及宗族。北魏太延元年(435年)十月下诏:"不听私辄报复,敢有犯者,诛及宗族。"这里个人犯法,诛及宗族,显然是实行宗族连坐法。东晋袁真叛晋,其子瑾失败被擒,"并其宗族数十人斩于京师"。宗族作为一个整体,其成员犯法,封建政权常实行连坐法,因而当时把犯罪受诛宗族,视为"凶族"或"忌族"。东晋宗室南顿王司马京"有罪被诛,贬其家族为马氏"。这个时期,因个人犯法而"夷三族""诛五族""诛九族"的史例有很多。

总之,当时宗族作为一种重要的社会组织,其成员之间无论在政治、军事上,还是在经济、法律上都有着密切联系,个人的荣辱兴衰,皆不能离开宗族而独立存在,"身"与"族"是不能分开的。隋唐以后的宗族组织虽不像魏晋南北朝那样典型,但一直不同程度地存在,因而宗族伦理道德观念作为一种特殊文化内涵,在社会上一直保持到近代。

麻沸散的发明与外科大型手术

魏晋南北朝时期,人们的思想趋向自觉,诸子百家学术争雄斗胜,各类自然科学也得到较大的发展。当时长期战乱、流亡、饥荒、疾疫危害着人民的生命,从而以"救人"为崇高目的的医学发展尤其显著。《隋书·经籍志》中关于医学方面的著作,共有370部(加上亡佚的123部,除去兽医书9部),其中绝大多数为魏晋至隋代医家所作,内容极为丰富,包括医学理论、论病源候、论脉理、论诊法、明堂针灸、方剂、药性,及种、采、制药法和食疗、气功治病、保健养生等。这些医书对隋以前的各类病源、病症、脉理、药方、药性、针灸术等都进行了全面的总结和整理,并结合当时各医家的实践,吸收了少数民族的医药学,如《杂戎狄方》(宋武帝刘裕所作)、《西域名医所集要方》等,从而把中医中药学推进到一个新的发展阶段。

由于整个中医学的发达,有了明确的中医分科学。从当时保留下来的少数医书及亡佚医书的名称所反映的内容考察,除大量属于整体性质的中医论著外,内科、杂病科、外科、疮肿科、妇科、产科、儿科、五官科、皮肤科等专著相继出现。尤其是中医外科医术,成为当时中医学园地中的一朵奇葩。这首先体现在华佗麻沸散的发明和运用上,它为大型外科手术的进行和成功,提供了重要的条件。据《后汉书·华佗传》称:"若疾发结于内,针药所不能及者,乃令先以酒服麻沸散,既醉无所觉,因刳破腹背,抽割积聚。若在肠胃,则断截湔洗,除去疾秽,既而缝合,傅以神膏,四五日创愈,一月之间皆平复。"这是当时利用麻沸散进行胸、腹部大手术的生动形象的描述。麻沸散的问世,对于外科手术可以说具有划时代的意义。

华佗的麻沸散问世之后,我国历代关于麻沸散的处方流传很多。除《华佗神医秘传》中载有麻沸散方剂外,清代张骥的《后汉书华佗传补注》中,杨华亭的《药物图考》中均有麻沸散方剂的记载,但药方各异。在麻沸散的启示下,唐代蔺道子的"整骨药方",宋代窦材的"睡圣散",元代危亦林的"草危散",明代张景岳的"蒙汗药",清代江考卿的"八厘宝麻药",都是著名的中药麻醉剂。"睡圣散"药方主要以山茄花(曼陀罗花)、火麻花(大麻)配成。元代《世医得救方》中,记当时麻醉药有曼陀罗花、乌头。明初朱愉所撰《普齐方》中,特别强调曼陀罗花与坐挈草的麻醉作用。明代大医家李时珍在《本草纲目》中解释曼陀罗花的麻醉作用时说:"用热酒调服三钱,少顷昏之欲醉,割疮灸火,宜先服此则不苦也。"近人从明清文人大量的笔记小说中发现"蒙汗药"的主要成分是曼陀罗、草乌、押不庐,并对这三种药的性能做了详细的说明,这对于弄清中药麻醉剂大有裨益。

华佗的麻沸散曾经流传到朝鲜、日本、摩洛哥等地。据美国医药史学者拉瓦尔在《世界药学史》中说:"阿拉伯人使用麻醉剂,是从中国传去的。在此之前,中国名医华佗擅长此术。"日本医家华岗青州在1804年曾报道应用"通仙散"作全身麻醉剂。同时,在他所著的《伤科方筌》一书中,记载有麻沸散药方:"曼陀罗花一斤,生草乌、番白芷、全当归、川芎各四钱,炒南星一钱。"日本医家所用"通仙散"可能从麻沸散演变而来。从国内外关于麻沸散和麻醉药的记载和运用来看,中药麻沸散和历代麻醉药方,大概以曼陀罗(今天中医用名为洋金花、凤茄花)为主药,配以草乌、火麻花、押不庐和适量补血活血药制成。

外科学的发展,离不开对人体生理结构的认识。当时许多医学专著都包含着丰富的人体生理结构知识。特别是大量的针灸书,讲经络更离不开人体生理学,因为针灸直接关系到人体的生理构造。在《针灸甲乙经》中,便详细叙述了人体的生理构造和病理变化。该书指出:如"刺中心,一日死";"刺中肺,三日死";"刺中肝,五日死";"刺中脾,十五日死";"刺中肾,三日死";"刺中胆,一日半死";"刺中大血管,血出不止死"。这些记载反映当时精湛的针灸医家对人体内脏的部位已有明确的认识。如果要进一步准确弄清人体的生理构造,便离不开人体解剖学。由于魏晋南北朝整个中医学和外科医术水平的提高,出现了人体解剖。人体解剖学是人们在长期同疾病做斗争中,医学特别是外科学发展到一定阶段而产生的。唐初在库车千佛洞出现的"人体解剖图"绝不是偶然的,这是魏晋南北朝中医外科学和人体解剖学发达的集中体现。

正是由于整个医药学的大发展,中医外科医术的发达,麻沸散的出现，以及对人体生理结构认识的提高，魏晋南北朝时期出现了许多惊人的外科医术病例：

第一，大型胸腹部手术两例。（1）有一病人上腹切痛十余日，鬓眉脱落。经华佗诊断，为脾脏半腐，"使饮药令卧"，经解剖，病人脾果然半腐坏，切除后"以膏傅疮"，饮之以药，一百日病愈。（2）一士大夫得病，华佗诊断后说"君病深，当破腹取"，但不能根治，十年后病再发，将不能治。与其破腹痛苦，不如注意调养，也能活十余年。士大夫难以忍受疾病折磨，坚决要求动手术。经华佗剖腹治疗，病痛好转，经十年后果然旧病复发而死。

大家知道，陈寿编史以取材谨严著称，上述两病例，一例见于《三国志·华佗传》，一例见于魏末人写的资料价值很高的《华佗别传》。如果对照《华佗传》所记辅用麻沸散动手术的情形，便不能不相信上述两例手术的真实性。

第二，上肢大手术三例。（1）三国时蜀将关羽曾为流矢所中，伤其左臂，后伤口虽愈，每遇阴雨天，骨常疼痛。医生诊断说"矢镞有毒，毒入于骨，当破臂作创，刮骨去毒，然后此患乃除耳"。关羽伸臂让医生动手术，血流盈盘器，"而羽割炙引酒，言笑自若"。（2）西晋初年，卢钦子卢浮以"病疽"，即手上患毒疮，医生认为毒疮难治，必须"截手"以全生命。经截肢手术后，卢浮果然安然无恙。（3）北魏末年，长孙道生曾孙子彦，年少时"坠马折臂，肘上骨起寸余"。医生"开肉锯骨，流血数升，子彦言戏自若，时以为逾于关羽"。

还有其他诸如切割眼瘤、补兔唇，治疗各种疮症，治毒蛇、狂犬类咬伤等的记载。这些手术要顺利进行，首先要有可靠的麻醉剂，其次要做好消毒工作，再次还要懂得人体解剖学，最后还必须有灵效的刀口愈合药,所有动手术的医生可能对这四点都做到了,所以才取得了良好的效果。像关羽和长生子彦在手术时,处于清醒状态,而且谈笑自若,估计很可能是用针灸或其他药物局部麻醉,否则是不可想象的。这似乎表明,医家们的外科技术和内外用药大致上是相同的。从这里我们可以窥测到,在当时各类外科医术之间,显然彼此具有一种明显的关联性和继承性。

古代"机器木人"的始创和机制

东汉末至魏晋南北朝时期,虽说战乱纷繁,却是科技发明的昌盛时代,产生了许多著名的科学家,有过多项重要的科技发明,机械木人便是其中的一种。

据古文献记载:"诸葛公(亮)居隆中时,有客至,属妻黄氏具面,顷之面具。侯怪其速,后潜窥之,见数木人研麦、运磨如飞,遂拜其妻,求传是术,后变其制为木牛流马。"三国时魏马钧,"巧思绝世"。魏明帝(227—239年)时,马钧为给事中,"有上百戏者,能设而不能动也"。明帝问马钧:"可动否?"马钧回答:"可动。"明帝又问:"其巧可益否?"马钧说:"可益。"于是,马钧"受诏作之,以大木雕构,使其形若轮,平地施之,潜以水发焉。设为女乐舞象,至令木人击鼓吹箫;作山岳,使木人跳丸掷剑,缘絙倒立,出入自在;百官行署,舂磨斗鸡,变巧百端"。经研究,马钧发明的水转百戏,是将木人安装在一旋盘上,盘下以水轮(卧式齿轮)为驱动装置的联动机构,使上层百戏木偶表演各种动作,还能演示百官行署和舂磨斗鸡的场面。可见其设计制作达到了相当高的水平。

十六国后赵（319—351年）中御史解飞、尚方工人魏猛变，发明木人舂米磨麦。史称："舂米木人，及作行碓于车上，车动则木人踏碓舂，行十里成米一斛。"以同样原理，"置石磨于车上，行十里辄磨麦一斛"。据考证，这种舂米磨面机械是以人力或畜力为动力，借车轮与路面的摩擦作用，在车轮转动时通过齿轮、凸轮等机构的作用带动碓和磨工作。

北朝也有关于机械人的记载。北魏正光（520—525年）中，相州刺史李世哲贵盛一时，"广兴屋宇，皆置鸱尾，又于马埒堠上为木人执节"。这里执节木人及其节的活动，也当为机械原理所致。北齐有沙门灵昭，"甚有巧思。武成帝（高湛，561—565年在位）令于山亭造流杯池，船每至帝前，引手取杯，船即自住。上有木小儿抚掌，遂以丝竹相应。饮讫放杯，便有木人刺还。上饮若不尽，船终不去"。船上木人的各种动作应为水力带动。北齐还有崔士顺其人，官至黄门侍郎，曾在邺都华林园内造密作堂，"周回二十四架，以大船浮之，以水为轮激。堂为三层：下层刻木人七：弹筝、琵琶、箜篌、胡鼓、铜钹、拍板、弄盘等，衣以锦绣，进退俯仰，莫不中节。中层刻木僧七人，一僧执香奁立东南角，一僧执香炉立东北角，五僧左转行道，至香奁所，以手拈香。至香炉所，其僧授香炉于行道僧，僧以香置炉中，遂至佛前作礼。礼毕，整衣而行。周而复始，与人无异。上层作佛堂，旁列菩萨卫士，帐上作飞仙右转，又刻紫云左转，往来交错，终日不绝"。

在马钧"水转百戏"和南北朝"流杯池"娱乐，以及北齐末崔士顺发明的下层奏乐木人、中层焚香木僧人、上层佛菩萨木人等基础上，隋代杜宝和黄衮为隋炀帝创制了大型水力自动表演机构，被称为"水饰"。《太平广记》卷二二六引《大业拾遗记》记载：

水饰……总七十二势,皆刻木为之。或乘舟,或乘山,或乘平洲,或乘盘石,或乘宫殿。木人长二尺许。衣以绮罗,装以金碧,及作杂禽兽鱼鸟。皆能运动如生,随曲水而行。又间以妓航,与水饰相次。亦作十二航。航长一丈,阔六尺。木人奏音声,击磬、撞钟、弹筝、鼓瑟,皆得成曲。及为百戏,跳剑、舞轮、升竿、掷绳,皆如生无异。其妓航水饰,亦雕装奇妙。周旋曲池,同以水机使之。奇幻之异,出于意表。又作小舸子,长八尺,七艘。木人长二尺许,乘此船以行酒。每一船,一人擎酒杯立于船头,一人捧酒钵次立,一人撑船在船后,二人荡桨在中央,绕曲水池,回曲之处各坐侍宴宾客。其行酒船随岸而行,行疾于水饰。水饰行绕池一匝,酒船得三遍,乃得同止。酒船每到坐客之处即停住。擎酒木人于船头伸手。遇酒,客取酒饮讫还杯,木人受杯,回身向酒钵之人取杓斟酒满杯,船依式自行。每到坐客处,例皆如前法,此并约岸水中安机。如斯之妙,皆出自黄衮之思。

这是集表演和娱乐于一体的大型自动机械系统,可以说是一种巨型自动娱乐玩具,它是对魏晋以来水转百戏和各种自动木人机械创造的总结和发展。

在汉末魏晋南北朝时期,各类机械木人共有91个之多(隋代木人未计在内)。从木人类别上看,有各种音乐、舞蹈木人10个,各种杂技表演木人4个,割麦木人1个,舂米磨面木人5个,提水木人1个,执节木人1个,劝酒木人1个,计时击鼓木人4个,守门木人41个,捕鼠木人4个,有关佛教木人18个,有关道教木人1个。这些木人中有成人小孩,有男人也有女人。它们或为娱乐所用,或与人民生计相关,或供宣扬宗教迷信之用,或为计里计时仪器。显然,它们都是和当时的物质文化生活有一定关联的。这些机械木人不仅能行走、跪拜、倒立、跳丸、踏碓、舂米、磨面,甚至还能吹箫、掷剑;又或自动行走,捧盏以揖;或撮香投炉,抚掌行令;或以手拈香,佛前作礼,或摩佛心腹之间;或开户拜客,或掩门关鼠等,说明当时机械木人的制造技术已相当复杂。经证实,机械木人的活动原理,其动力主要靠人力、水力、风力,同时还借用弹力、惯力、重力、摩擦力等,再经过用链、钩键、卧式齿轮、凸轮、轮轴、曲柄和连杆等各种传动机械,将动力传给机械木人,使木人做出各种模仿真人的活动。隋代黄衮和杜宝所设计的"水饰",其机械原理之复杂,可视为各类机械木人的一次总结提高演习。"水饰"木人活动异常复杂,多达70多种形态,有舞女、杂技、乐队、敬酒等诸多表演。据称:"及为百戏、跳剑、舞轮、升竿、掷绳,皆如生无异。"各种乐器木人的表演竟能合成曲调。小舸中敬酒木人敬酒后,取回酒杯,另有木人斟酒,小舸自动配合前行,再敬客人,其行动自若,妙趣横生。水饰木人活动类型之多,表演之灵巧,技艺之精妙,可说明经魏晋南北朝机械木人之发展创新,到隋唐以后,制作机械木人的技术已达到极高的程度。

附录

（一）专著

1. 《魏晋南北朝农民战争史资料汇编》（上下册），中华书局 1980 年版。

2. 主编并撰写《中国农民战争史·魏晋南北朝卷》，人民出版社 1984 年版。

3. 主编百卷本《中国全史》魏晋南北朝政治、经济、军事、文学、思想、教育、科技、艺术、宗教、习俗等 10 卷，人民出版社 1994 年版。

4. 主编并撰写《中国封建社会经济史·魏晋南北朝编》，齐鲁书社、文津出版社 1996 年版。

5. 《六朝史论》论文集，中华书局 1998 年版。

6. 《中国军事通史》第八卷《两晋南北朝军事史》，中国军事科学出版社 1998 年版。

7. 《魏晋南北朝社会生活史》（合著），中国社会科学出版社 1998 年版。

8. 《武侯春秋》（合著，上下册），团结出版社 1998 年版。

9. 主编《历代开国皇帝传》（上下册），海南出版社 1994 年版。

10. 主编《中国通史图说》，10 卷本，九州图书出版社 1999 年版。

11. 《鞠躬尽瘁一忠臣——诸葛亮》，台湾万卷楼图书有限公司 1999 年版。

12. 主编《插图本中国古代思想史》，广西人民出版社 2006 年版。

13. 《六朝论史续编》论文集，学苑出版社

2007年版。

（二）论文

1.《秦汉时期租佃关系的发生与发展》，朱大渭、孙达人、蒙默，《历史研究》1959年第12期。

2.《魏孝文帝拓跋宏的改革》，朱大渭，《人民中国》1960年第11期。

3.《隆中对与夷陵之战》，朱大渭，《江汉学报》1962年第3期。

4.《孙恩徐道覆起义的性质及其历史作用》，朱大渭，《中华历史论丛》1964年第1期。

5.《唐寓之起兵的性质》，朱大渭，《中国农民战争史论丛》，山西人民出版社1979年。

6.《诸葛亮军事思想论略》，朱大渭，《史学月刊》1980年第12期。

7.《南朝少数民族概况及其与汉族的融合》，朱大渭，《中国史研究》1980年第1期。

8.《中国古代机器人》，朱大渭，《随笔》1980年第10期。

9.《论诸葛亮治蜀》，朱大渭，《魏晋隋唐史论集》1980年第1期。

10.《马谡死因真相》，朱大渭，《学林漫录》1981年1月。

11.《论葛荣》，朱大渭、刘精诚，《中国农民战争史论丛》1981年第2期。

12.《北魏末军户制的衰落》，朱大渭，《中国史论丛》1982年第3期。

13.《北魏末人民大起义若干史实的辨析》，朱大渭，《中国农民战争史论丛》，河南人民出版社1982年。

14.《魏晋南北朝农民战争的几个问题》,朱大渭,《魏晋隋唐史论集》1983 年第 2 期。

15.《史学领域的开拓与史学的社会价值》,朱大渭,《安徽史学》1986 年第 4 期。

16.《关陇起义第二次泾州大战及攻克潼关考》,朱大渭,《天津社会科学》1986 年第 1 期。

17.《读〈魏晋南北朝史论拾遗〉》,朱大渭,中华书局《书品》1986 年第 2 期。

18.《两晋南北朝的官俸》,朱大渭,《中国经济史研究》1986 年第 4 期。

19.《魏晋南北朝阶级结构试析》,朱大渭,《魏晋南北朝史研究》,四川人民出版社 1986 年。

20.《两晋南北朝官员致仕刍议》,朱大渭,《中国史研究》1987 年第 1 期。

21.《魏晋南北朝时期的套城》,朱大渭,《齐鲁学刊》1987 年第 4 期。

22.《魏晋南北朝农民战争的社会后果》,朱大渭,《中国农民战争史论丛》,河南人民出版社 1987 年。

23.《北魏孝文帝的改革》,朱大渭、童超,《中国古代改革家》,中国社会科学出版社 1987 年。

24.《刘裕传》,朱大渭,《开国皇帝传》,黄山书社 1987 年。

25.《治史刍议》,朱大渭,《文史知识》1988 年第 5 期。

26.《代北豪强酋帅崛起述论》,朱大渭,《文史》1988 年总第 31 辑。

27.《身系东晋安危的陶侃》,朱大渭,《文史知识》1988 年第 3 期。

28.《梁末陈初豪强酋帅的兴起》，朱大渭，《纪念陈寅恪国际学术会议论文集》，中山大学出版社1989年。

29.《胡床、小床和椅子》，朱大渭，《文史知识》1989年第5期。

30.《魏晋南北朝南北户口的消长及其原因》，朱大渭，《中国史研究》1990年第3期。

31.《魏晋南北朝的外科医术》，朱大渭，《文史哲》1990年第4期。

32.《北魏国营畜牧业经济》，朱大渭，《北朝研究》1990年第1期。

33.《诸葛亮躬耕地析疑》，朱大渭，《诸葛亮躬耕地望论文集》，东方出版社1991年。

34.《魏晋南北朝政界名人年龄结构剖析》，朱大渭，《魏晋南北朝史研究》，齐鲁书社1991年。

35.《魏晋南北朝文化的基本特征》，朱大渭，《文史哲》1993年第3期。

36.《陈庆之军事业绩考实》，朱大渭，《纪念缪钺九十寿辰暨从教七十年论文集》，成都出版社1994年。

37.《中古汉人由跪坐到垂脚高坐》，朱大渭，《中国史研究》1994年第4期。

38.《论政治家军事家谢安》，朱大渭，《谢太傅安石纪念论文集》，台北书店1994年。

39.《三国历史与三国演义》，朱大渭，《光明日报》《史林》1995年2月6日。

40.《史学界对诸葛亮躬耕地何以能取得共识》，朱大渭，《襄樊日报》1996年6月17日。

41.《商潮中的"名人效应"与历史科学的真实性》,朱大渭,《人民日报》1996年7月20日。

42.《关于晋书的评价与研究》,朱大渭,《史学史研究》2000年第4期。

43.《评李凭〈北魏平城时代〉》,朱大渭,《光明日报》2000年12月15日。

44.《〈便宜十六策〉和〈将苑〉军事思想论略》,朱大渭,《庆祝何兹全先生九十岁论文集》,北京师范大学出版社2002年。

45.《关羽人神辨析》,朱大渭,《关羽、关公和关圣》,社会科学文献出版社2002年。

46.《儒家民族观与十六国北朝民族融合及其影响》,朱大渭,《中国史研究》2004年第2期。

47.《北朝历代建制长城及其战略地位》,朱大渭,《中国史研究》2006年第3期。

48.《魏晋十六国北朝少数民族融入汉族总人口数估测》,朱大渭,中国社会科学院历史所集刊2006年。

49.《中国古代机器木人始创年代及其机理考实》,朱大渭,《黎虎70寿辰纪念论文集》,北京师范大学出版社2006年。

50.《晋书说略》,朱大渭,《经史说略·二十五史说略》,北京燕山出版社2002年。

51.《网罗宏富 体大思精——评〈中国政治制度史〉》,朱大渭,《中国史研究动态》1992年第6期。

52.《〈北朝鲜卑文化之历史作用〉评介》,朱大渭,《中国史研究动态》1993年第3期。

53.《十六国国别史的一部力作——〈前秦史〉评介》,朱大渭,《中国史研究动态》1994年第2期。

54.《魏孝文帝研究的新成果——评〈魏孝文帝传〉》,朱大渭,《中国史研究动态》1994年第6期。

55.《评〈三国经济史〉》,朱大渭,《中国史研究动态》1994年第9期。

56.《求实求新创佳志——评〈西充县志〉》,朱大渭,《四川省地方志》1995年第3期。

57.《简评〈三国志集解〉》,朱大渭,《光明日报》1995年12月25日。

58.《健笔破旧蹊　鸿篇开新局——评十卷本〈中国政治制度通史〉》,朱大渭、童超,《中国史研究动态》1997年第3期。

59.《中国古典外交制度的开拓奠基之作——〈汉唐外交制度史〉评介》,朱大渭,《中国史研究》2000年第1期。

60.《〈南北朝时期益梁地区研究〉出版》,朱大渭,《光明日报》2003年10月21日。

61.《史学研究学风和治史方法论》,朱大渭,《中国社会科学院研究生院学报》2007年第6期。

62.《漫谈史学研究中的学风问题》,朱大渭,《光明日报》2008年5月4日。